ACCESO GRATIS *a la Lectura en la Nube*

AF237870

Para visualizar el libro electrónico en la nube de lectura envíe junto a su nombre y apellidos una fotografía del código de barras situado en la contraportada del libro y otra del ticket de compra a la dirección:

ebooktirant@tirant.com

En un máximo de 72 horas laborales le enviaremos el código de acceso con sus instrucciones.

© TIRANT LO BLANCH
   EDITA: TIRANT LO BLANCH
   C/ Artes Gráficas, 14 - 46010 - VALENCIA
   TELFS.: 96/361 00 48 - 50
   Fax: 96/369 41 51
   Email: tlb@tirant.com
   www.tirant.com
   Librería Virtual: www.tirant.es
   DEPOSITO LEGAL: V-2651-2025
   ISBN: 979-13-7010-633-1
   MAQUETA E IMPRIME: Tink Factoría de Color , S.L.

Si tiene alguna queja o sugerencia, envíenos un mail a: atencioncliente@tirant.com.
En caso de no ser atendida su sugerencia, por favor, lea nuestro procedimiento de quejas en:
www.tirant.net/index.php/empresa/politicas-de-empresa

Responsabilidad Social Corporativa
http://www.tirant.net/Docs/RSCTirant.pdf

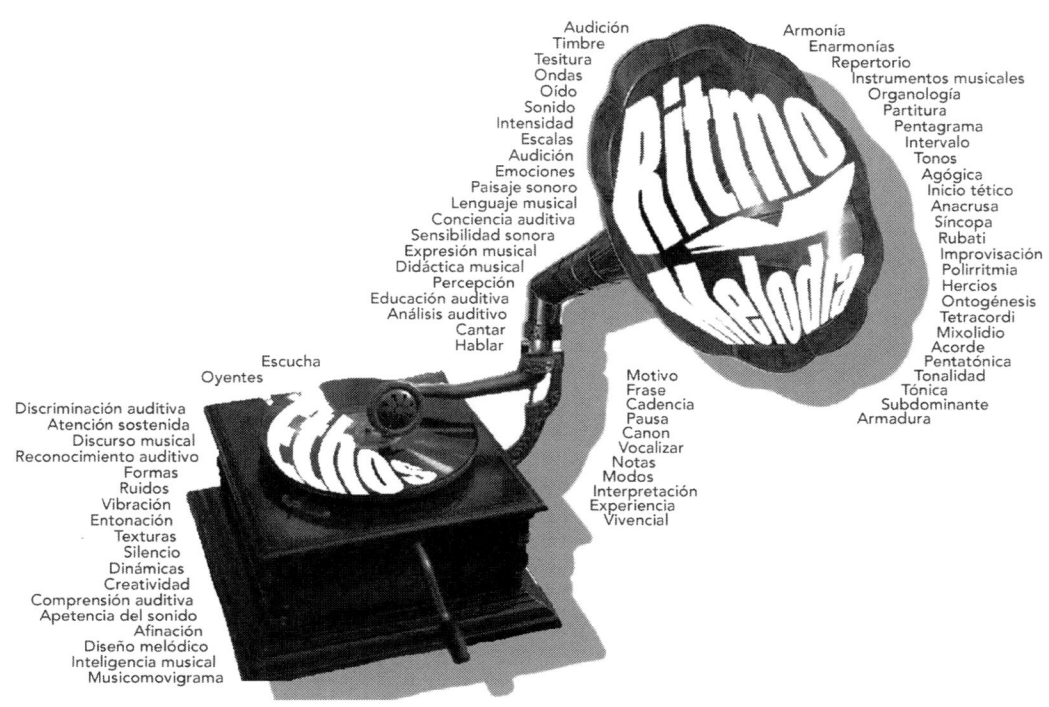

LA FORMACIÓN DE MAESTROS Y MAESTRAS EN EL GRADO DE EDUCACIÓN PRIMARIA. RECURSOS DIDÁCTICOS PARA LA ENSEÑANZA DEL RITMO Y DE LA MELODÍA

Guillem Escorihuela Carbonell
Ana María Botella Nicolás

LA FORMACIÓN DE MAESTROS Y MAESTRAS EN EL GRADO DE EDUCACIÓN PRIMARIA.
RECURSOS DIDÁCTICOS PARA LA ENSEÑANZA DEL RITMO Y DE LA MELODÍA

5

La formación de maestros y maestras en el grado de educación primaria. Recursos didácticos para la enseñanza del ritmo y de la melodía

Guillem Escorihuela Carbonell

Ayudante Doctor de la Universitat de València
Departamento de Didáctica de la Educación Física, Artística y Música
Facultat de Formació Professorat

Ana María Botella Nicolás

Profesora Titular de la Universitat de València
Departamento de Didáctica de la Educación Física, Artística y Música
Facultat de Formació Professorat

Grupo de investigación iMUSED
(Investigating Music Education GIUV2020–483)
de la Universitat de València

La formación de maestros y maestras en el grado de educación primaria.
Recursos didácticos para la enseñanza del ritmo y de la melodía

7

"Los jardines son un refinado artificio diseñado no sólo para la vista, el tacto o el olfato, sino también para el oído. La valoración y disfrute consciente de los sonidos en un jardín o en la naturaleza alcanzó en Europa su mayoría de edad en el Renacimiento y Barroco, una época en la que se idearon curiosos mecanismos y estrategias para proporcionar sonidos naturales (el canto de los pájaros) y artificiales (el sonido de las fuentes, la música de autómatas) a escogidos rincones del jardín."

Alfredo Aracil. I Encuentro Iberoamericano sobre Paisajes Sonoros de 2007

En la época actual intentamos grabar y reproducir el ritmo y la melodía la interpretación efímera de los y las artistas.

La formación de maestros y maestras en el grado de educación primaria.
Recursos didácticos para la enseñanza del ritmo y de la melodía

9

ÍNDICE

ÍNDICE

La formación de maestros y maestras en el grado de educación primaria.
Recursos didácticos para la enseñanza del ritmo y de la melodía

11

I. CONSIDERACIONES INICIALES

La formación de maestros y maestras en el grado de educación primaria.
Recursos didácticos para la enseñanza del ritmo y de la melodía

13

Gramófono, sistema de grabación y reproducción utilizado desde 1888

GUILLEM ESCORIHUELA CARBONELL Y ANA MARÍA BOTELLA NICOLÁS

CONSIDERACIONES INICIALES

El libro que tienes en tus manos aborda la melodía y el ritmo desde un punto de vista didáctico con pequeñas incursiones en el terreno de la escucha musical. Le hemos dado un enfoque desde la audición pues esta es el eje principal por el que se desarrolla y se estructura la música en el proceso de enseñanza-aprendizaje, su medio es la escucha activa reforzada a través de una aplicación instrumental, vocal o corporal, del ritmo y de la melodía.

Además, el libro recoge una serie de recursos musicales que pueden ser implementados en el aula de primaria para los futuros maestros y maestras. Es fruto del esfuerzo del grupo de investigación iMUSED (*Investigating Music Education* GIUV2020–483) de la Universitat de València. Grupo que se dedica a profundizar en el conocimiento de la educación musical desde múltiples perspectivas, como la innovación educativa, la interdisciplinariedad, el estudio del currículum, las identidades musicales y la transferencia de conocimiento.

El primer capítulo está dedicado a la formación en didáctica de la música como disciplina científica. Recomienda referencias bibliográficas interesantes que todo maestro y maestra debe conocer. También refiere al último Decreto (106/2022), de 5 de agosto, del Consell, de ordenación y currículo de la etapa de Educación Primaria para la *Comunitat Valenciana*[1].

El segundo capítulo está dedicado a las cualidades del sonido y su trabajo en el aula de primaria incidiendo en la escucha. El capítulo ofrece audiciones musicales que pueden ser útiles de cara a planificar una clase. Desde el proceso perceptivo y analítico, el sonido es el eje fundamental para contribuir a una ciudadanía crítica y responsable, tanto como fenómeno físico como de los sonidos que nos envuelven y que se destinan a las obras musicales. Desde la capacidad expresiva como medio de comunicación y potenciadora de la creatividad, la práctica vocal e instrumental, que se extiende al control y a la expresión corporal, resulta esencial para el desarrollo integral. Este enfoque implica abordar el área desde una perspectiva didáctica vivencial donde el alumnado es un agente activo de su aprendizaje. La escucha y el análisis auditivo y visual están vinculados a una experimentación, interpretación,

---

1 Lo puedes consultar en https://ceice.gva.es/es/web/ordenacionacademica/primaria/curriculo

LA FORMACIÓN DE MAESTROS Y MAESTRAS EN EL GRADO DE EDUCACIÓN PRIMARIA. RECURSOS DIDÁCTICOS PARA LA ENSEÑANZA DEL RITMO Y DE LA MELODÍA

15

expresión y creación con el fin de reforzar e interiorizar todos los elementos que resultan necesarios para el desarrollo competencial al finalizar la Educación Primaria.

El tercer y cuarto capítulo abarca el ritmo y la melodía desarrollando recursos didácticos para su enseñanza y aprendizaje. La duración de los sonidos: figuras y silencios, los valores irregulares, maneras de iniciar una pieza y desplazamientos de acentos y la forma musical, son algunos temas que se desarrollan.

El libro termina con un capítulo muy interesante sobre experiencias de aula y recursos didácticos. La opinión y el saber hacer de las maestras y maestros en activo es muy importante, y los futuros docentes tenéis en ellos un espejo en el que miraros, aprender, tomar ideas y conocer el día a día del aula. Que los y las estudiantes de Magisterio podáis conectar con los docentes es una idea alentadora. Maestras y maestros nos explicarán como trabajan el ritmo en el aula, qué ejercicios o recursos utilizan para la melodía y la audición y cómo introducen la expresión y la interpretación.

GUILLEM ESCORIHUELA CARBONELL Y ANA MARÍA BOTELLA NICOLÁS

II. LA FORMACIÓN EN DIDÁCTICA DE LA MÚSICA EN EL GRADO EN MAESTRO/A EN EDUCACIÓN PRIMARIA

La formación de maestros y maestras en el grado de educación primaria.
Recursos didácticos para la enseñanza del ritmo y de la melodía

17

Disco de pizarra marca "La Voz de su Amo", compañía del Gramófono

GUILLEM ESCORIHUELA CARBONELL Y ANA MARÍA BOTELLA NICOLÁS

LA FORMACIÓN EN DIDÁCTICA DE LA MÚSICA EN EL GRADO EN MAESTRO/A EN EDUCACIÓN PRIMARIA

1. Un poco de historia sobre la Didáctica de la Expresión Musical

Situar los orígenes, la constitución y la consolidación de una disciplina académica como es la didáctica de la expresión musical, sin duda, nos desvela una visión más amplia y nuevas perspectivas para seguir avanzando. Como apunta Subirats (2011), el campo de la investigación en el área de Didáctica de la Expresión Musical ha sido difícil para los docentes, pero actualmente el panorama está cambiando con los numerosos estudios que están saliendo a la luz y las tesis doctorales defendidas.

La didáctica, como ciencia práctica de la educación, está destinada "a instruir o perfeccionar mediante el proceso de enseñanza y aprendizaje" (Zaragozà, 2009, p. 15). Siguiendo la etimología del concepto de didáctica, que viene del griego *didasko* (enseñar) y de *techné* (arte), podría decirse entonces que la didáctica es el arte de enseñar. Es la ciencia que estudia las estrategias necesarias para predisponer condiciones más oportunas para el aprendizaje (Tafuri, 1995, 2004 y 2006).

Pramling y Pramling (2011), en la obra *Educational Encounters: Nordic Studies in early Chilhood Didactis*, ofrecen una definición muy sencilla de la didáctica: el estudio de cómo el enseñar incita a aprender. Estos autores hablan de la didáctica entendida como el estudio de cómo crear oportunidades de aprendizaje y de cómo el alumnado otorga significado a aquello que el profesor le ofrece. También de la didáctica entendida como el estudio de cómo coordinar las perspectivas del alumnado y del docente, es decir, una didáctica que sostiene la idea de intersubjetividad entendida como el logro de una coordinación que permita continuar con una actividad compartida. Reforzando esta idea los autores citan el *joint attention* de Bruner (1980, 1983 y 1984), el *sustained shared thinking* de Siraj–Blatchford (2009) o la propensión de los alumnos a compartir la atención con los otros de Tomasello (2007).

La formación de maestros y maestras en el grado de educación primaria. Recursos didácticos para la enseñanza del ritmo y de la melodía

19

Todo esto trasladado a la Didáctica de la Expresión Musical, sería pues, el estudio de cómo el enseñar incita a aprender música. El estudio de cómo coordinar las perspectivas del alumnado acerca del mundo musical y las de los docentes. No se trata de que ambos compartan las mismas perspectivas sino de que puedan realizar actividades compartidas, interesantes y significativas para ambos.

Muchos estudios presentan como principal dilema con el que nos encontramos en esta área de conocimiento establecer los dos ámbitos a los que pertenece la disciplina: la música, por una parte, y la didáctica, por otra (Subirats, 2011). La música debe ser un campo de conocimiento e investigación donde la teoría y la práctica formen un todo integrado (Gillanders y Martínez, 2005).

Por otra parte, se han distinguido tradicionalmente dos perspectivas de investigación en el ámbito de la educación: la positivista y la interpretativa (Ibarretxe, 2006). Sin embargo, en las últimas décadas se añade un nuevo paradigma: el crítico o sociocrítico.

Hoy en día parece indiscutible que el sistema educativo, además de formar en una serie de contenidos disciplinares, tiene también el objetivo de promover un tipo de sociedad fundamentada en los valores democráticos de libertad, igualdad, respeto y tolerancia hacia la diversidad. Así, es necesario un currículo básico de Educación Primaria que sitúe las competencias sociales y cívicas como una de las siete que deben orientar dicha etapa educativa (Marín y Botella, 2018).

La consecución de estos fines viene condicionada por la implementación de un modelo educativo que incorpore enfoques didácticos de tipo sociocrítico, de manera que se aborden las relaciones sociales desde una perspectiva ética y uno de los objetivos sea la emancipación del sujeto. Para ello, es necesaria una función docente crítica y reflexiva que sitúe los contextos próximos como parte de los contenidos curriculares, de modo que los estudiantes desarrollen herramientas para poder analizar críticamente su entorno y actuar en él desde la responsabilidad moral, contribuyendo así a su conformación como sujetos políticos (J. Martínez, 2015). En esta dirección, se han desarrollado durante la última década diversas propuestas didácticas y líneas de investigación educativa en las distintas áreas de conocimiento.

2. La formación en Didáctica de la Música en el Grado de Maestro/a en Educación Primaria. Consideraciones preliminares

Los estudios de Grado en Maestro/a en Educación Primaria incluyen de manera generalista los conocimientos musicales, a través de la materia *Didáctica de la música de la educación primaria*, además de permitir la especialización con la Mención en Música o el itinerario de Especialista en educación musical. En el documento Verifica del Grado en Maestro/a en Educación Primaria en la Universitat de València[2], se especifica como competencias específicas las siguientes:

CE66 – Apreciar el valor educativo de la música.

CE67 – Reconocer los elementos constitutivos de la música.

CE68 – Iniciar al canto individual y grupal.

CE69 – Conseguir autonomía en la lectura de melodías sencillas.

CE70 – Desarrollar el sentido rítmico y su coordinación.

CE71 – Desarrollar la expresión vocal y de movimiento.

CE72 – Potenciar las capacidades interpretativas, de improvisación y creativas.

CE73 – Sincronizar voz, movimiento e instrumentos.

CE74 – Conocer y practicar los instrumentos escolares.

CE75 – Descubrir los elementos de lenguaje musical a partir de la audición musical activa.

CE172 – Iniciar en el conocimiento de los elementos del lenguaje musical mediante la rítmica y el movimiento.

CE173 – Desarrollar la creatividad, la improvisación y el sentido estético a partir de la rítmica y el movimiento.

CE174 – Identificar auditivamente los elementos del lenguaje musical a través del análisis de obras de la historia de la música occidental, del folklore musical y de la música popular urbana.

CE175 – Elaborar de forma progresiva un modelo de análisis auditivo aplicable a cualquier tipo de música.

CE176 – Dominar la técnica de interpretación de piezas instrumentales e improvisación para la creación musical.

CE177 – Conocer y saber utilizar la técnica de la dirección instrumental para organizar y dirigir agrupaciones instrumentales.

CE178 – Integrar las tecnologías de la información y comunicación en las actividades de enseñanza y aprendizaje guiado y autónomo.

---

2 Puedes consultar el documento Verifica en: https://www.uv.es/graus/verifica/Educ_Primaria/Memoria.pdf

La formación de maestros y maestras en el grado de educación primaria.
Recursos didácticos para la enseñanza del ritmo y de la melodía

21

CE179 – Desarrollar el concepto armónico y compositivo a través de programas de ayuda a la creación, improvisación.

CE180 – Diseñar y desarrollar proyectos educativos, unidades de programación, entornos, actividades y materiales, incluidos los digitales, para garantizar la adaptación del currículo a la diversidad del alumnado y promover la calidad de los contextos en los que se desarrolla el proceso educativo.

CE181 – Dominar la técnica vocal para la interpretación de canciones e improvisación para la creación musical.

CE182 – Conocer y saber utilizar la técnica de la dirección coral para organizar y dirigir agrupaciones vocales.

CE206 – Conocer la evolución histórica de las artes plásticas, visuales y musicales y su reflejo en los contenidos escolares.

CE238 – Potenciar el desarrollo armónico del niño o niña con necesidades educativas especiales utilizando la expresión musical y plástica.

CE277 – Favorecer el desarrollo del niño o niña con necesidades educativas especiales mediante una educación física adaptada a sus necesidades y el uso de la expresión musical y plástica.

De esta manera, se pretende que los futuros docentes consigan apreciar el valor educativo de la música, en tanto que son capaces de reconocer los elementos constitutivos de la misma. Por ello, deben iniciarse al canto individual y grupal, aprendiendo desde la vivencialidad. La eminente vertiente práctica de la materia constituye un verdadero banco de recursos y posibilidades, desde conseguir la autonomía para la lectura de melodías sencillas hasta desarrollar el sentido rítmico y su coordinación, así como promover el trabajo cooperativo y el trabajo y esfuerzo individual.

Esta asignatura teórica–práctica persigue que el alumno se familiarice con el mundo de la educación mediante actividades musicales, trabajando los conceptos de manera que haga servir sus elementos mediadores, la audición activa, el movimiento, la voz y los instrumentos musicales mediante la aplicación de las metodologías más novedosas así como procedimientos didácticos de la educación musical.

La didáctica de la música introduce al estudiante en los conceptos básicos del lenguaje musical para permitirle ser consciente del valor intrínseco del hecho musical más allá de las emociones y sentimientos que despierta. Por eso, en la asignatura de Didáctica de la música de la educación primaria, el punto 5.5.1.3 del documento Verifica, identifica los siguientes contenidos teóricos:

1. El sonido:
   ◊ Cualidades del sonido: altura, duración, intensidad y timbre.
   ◊ Discriminación auditiva: estimulación sensorial–percepción–representación.

2. Elementos del lenguaje musical: ritmo, melodía, armonía, agógica y dinámica, forma musical y organología.

La educación musical es un lenguaje de expresión y comunicación (de Moya, 2006; Subirats, 2011) y un arte que se dirige al ser humano en todas sus dimensiones con el fin de lograr una educación holística e integral (Arguedas, 2003; Gutiérrez, 2013). Facilita la socialización de los individuos a través de una comunicación no verbal y es un lenguaje expresivo que no encuentra parangón en otro sistema simbólico (Vilar y Monmany, 2004). Es de carácter universal y se basa en códigos culturalmente establecidos en cada sociedad (Sanuy, 2000; Gómez, 2015). Siguiendo a Longueira (2013), la música "sirve a cada educando para usar y construir experiencia valiosa para su propia vida y formación integral, desde la experiencia artística musical" (p. 236) (Botella, 2021).

La música es un lenguaje universal y muy expresivo. Como medio de expresión y comunicación (Alcázar, 2014) interviene el tiempo, los sonidos y el movimiento (Conejo, 2012). Tiene prosodia, sintaxis y morfología. Pocos lenguajes hay que reúnan estas características, y como todos los no verbales, trasciende aquello que se puede expresar con palabras (Sanjosé, 1997). La necesidad humana de comunicación no puede agotarse en el lenguaje verbal, y, por esta razón, todas las sociedades han creado otros lenguajes (Tafuri, 2006).

Por tanto, uno de los hitos de la materia será desarrollar la expresión vocal y el movimiento, potenciando las capacidades interpretativas, de improvisación y creativas. A través de la sincronización de la voz, el movimiento y los instrumentos, las y los estudiantes podrán recorrer el camino de la praxis al conocimiento. Se pretende que la didáctica de la música se de a través de los instrumentos escolares y el descubrimiento de los elementos de lenguaje musical se produzca a partir de la audición musical activa.

LA FORMACIÓN DE MAESTROS Y MAESTRAS EN EL GRADO DE EDUCACIÓN PRIMARIA. RECURSOS DIDÁCTICOS PARA LA ENSEÑANZA DEL RITMO Y DE LA MELODÍA

23

La voz, como herramienta de comunicación e instrumento natural humano, debe ser explorada para una adquisición gradual de técnica vocal y llegar así a desarrollar un uso efectivo y adecuado tanto en el trabajo coral como en proyectos más amplios. El uso de los instrumentos y objetos sonoros en el proceso de enseñanza y aprendizaje de la música tiene una perspectiva formativa dentro del ámbito musical y una perspectiva creativa, que contribuye al desarrollo de la capacidad expresiva e interpretativa. Para la correcta adquisición y habilidad técnica de estas perspectivas, debe partirse de la exploración y experimentación sonora a través de la práctica de propuestas variadas. La voz y los instrumentos son un medio de comunicación fundamental que, junto con el cuerpo, despliegan habilidades expresivas y comprensivas del sonido y del movimiento, lo que posibilita la cohesión grupal y la confianza. Se pretende que la didáctica de la música se trabaje a través de los instrumentos escolares y el descubrimiento de los elementos de lenguaje musical se produzca a partir de la audición musical activa.

La educación para la música permite promover el desarrollo de una serie de capacidades específicas como: la escucha, la memoria auditiva, la imaginación creadora, la expresión a través del canto, el movimiento y la danza o la ejecución instrumental. Así lo corrobora el Decreto 106/2022, de 5 de agosto, del Consell, de ordenación y currículo de la etapa de Educación Primaria para la Comunidad Valenciana cuando dice que:

> La educación artística en la etapa de primaria (...) fomenta el desarrollo del pensamiento abstracto y divergente mediante unos procesos creativos que han de tener en cuenta las particularidades individuales y los contextos en los que estos procesos se generan. Pensar de manera creativa implica una mayor percepción y sensibilidad frente al mundo, lo que permite, a largo plazo, una mayor capacidad crítica y conciencia social (DOGV, 2022, n. 9402, p. 41451).

El carácter competencial del área contribuye al desarrollo del conocimiento, la comprensión y el respeto de las diferentes culturas y de las diferencias entre las personas, puesto que las artes garantizan el acceso a las distintas manifestaciones culturales mediante procesos de exploración del patrimonio artístico y de la cultura visual y musical. Fomenta además el desarrollo del pensamiento abstracto y divergente mediante unos procesos creativos que tienen en cuenta las particularidades individuales y los contextos en los que estos procesos se generan.

GUILLEM ESCORIHUELA CARBONELL Y ANA MARÍA BOTELLA NICOLÁS

La legislación reafirma que el sonido desempeña un papel fundamental en el fomento de una ciudadanía crítica y responsable desde una perspectiva perceptiva y analítica. Tanto como fenómeno físico, así como en relación con los sonidos que nos rodean y se utilizan en obras musicales y multidisciplinarias, el sonido se convierte en el eje central. Además, la práctica vocal e instrumental, que incluye el control y la expresión corporal, así como el trabajo en las artes escénicas, resulta esencial para el desarrollo integral y la capacidad de expresión creativa y comunicativa. Este enfoque implica abordar el tema desde una perspectiva didáctica vivencial, en la cual los estudiantes se convierten en agentes activos de su propio aprendizaje. La escucha y el análisis auditivo y visual se vinculan con la experimentación, la interpretación, la expresión y la creación, con el objetivo de fortalecer e interiorizar todos los elementos necesarios para el desarrollo de habilidades al finalizar la Educación Primaria.

Por otra parte, la audición es el eje principal por el que se desarrolla y se estructura la música en el proceso de enseñanza-aprendizaje, su medio es la escucha activa reforzada a través de una aplicación instrumental, vocal o corporal. La materia de la música es el sonido, de carácter temporal y que precisa de la memoria para recordar, reconocer y poder establecer comparaciones. La identificación acompañada estará basada en la participación activa y vivencial de los elementos y componentes musicales a través del movimiento, la voz, los instrumentos, el uso de guías de audición y otros medios que permitan su interiorización. Al final del segundo ciclo, en diferentes contextos y con una actitud atenta, el alumnado debería ser capaz de considerar el silencio como elemento indispensable ante las diversas audiciones activas, a partir del reconocimiento y la identificación de los elementos expresivos del lenguaje sonoro. Al final del tercer ciclo, el alumnado debería diferenciar las características de géneros y estilos musicales y escénicos, y describir los elementos técnicos de diversas propuestas, utilizando un lenguaje específico; deberá conocer obras de géneros, épocas y autoría diversa (DOGV, 2022, n. 9402).

La participación en propuestas musicales, audiovisuales, escénicas o multidisciplinarias permite adquirir una comprensión práctica de las diferentes técnicas necesarias para su diseño y realización, todo ello desde una perspectiva coeducativa e inclusiva, que tiene en cuenta tanto el ámbito

La formación de maestros y maestras en el grado de educación primaria. Recursos didácticos para la enseñanza del ritmo y de la melodía

25

individual como el grupal. De esta manera, se promoverá la toma de conciencia de las posibilidades comunicativas y expresivas de la voz, el cuerpo y los medios externos por parte de los estudiantes.

La actividad musical estimula e integra aspectos de la personalidad: físico, intelectual, emocional, social, ético y estético. Existen muchas investigaciones sobre el efecto que produce la música en el desarrollo integral del niño, por el hecho de desarrollar no sólo la inteligencia musical, sino también el resto de las inteligencias y otras áreas del desarrollo del ser humano (Giráldez, 1996; Casas, 2003; Díaz, 2005 y Hallam, 2010). Diversas investigaciones confirman a través de la neurobiología, la psicología, la psicopedagogía o pedagogía musical (Levitin y Tirovolas, 2009; Buentello et al., 2010; Jauset–Berrocal, 2011; Rodríguez, 2011; Jauset–Berrocal, 2013; Snowdon et al., 2015; Trimble y Hesdorffer, 2017), los valores formativos de la música y su efecto en la formación integral del individuo (Hyde et al., 2009; Schlaug et al., 2005; Soria–Urios et al., 2011ayb; y Stewart, 2008). Según estudios en la neurociencia cognitiva (Botella y Peiró, 2016 y 2018; Lacárcel 2003; Retamero y Botella, 2022), la estimulación auditiva es crucial en los primeros seis años para el desarrollo intelectual y cognitivo y, en cierta medida, para el desarrollo integral del niño, en general. Además, a raíz de sus investigaciones, varios autores (Álvarez, González–Castro, Núñez, González–Pienda et al., 2007; Pramling–Samuelsson et al., 2009) han comprobado que estimular auditivamente por medio de actividades que propician la discriminación auditiva aumenta la capacidad de atención y, con ello, la concentración ante una tarea cognitiva.

La música está claramente vinculada a las emociones (Merriam, 1964; Gustems y Calderón, 2005; Oriola y Gustems, 2016) e íntimamente unida a la necesidad de expresión artística propia del ser humano (Riera, 2000). Es más, la presencia de la música en la vida de cada persona es de naturaleza diferente respecto a la aproximación académica por tener un componente afectivo importante (Nora, 2000).

La Teoría de las inteligencias Múltiples de Gardner (Gardner y Hatch, 1989; Gardner, 2005) propone diseñar modelos educativos multidimensionales para el desarrollo paralelo e integral de todas las capacidades. La educación musical estimula el desarrollo de capacidades y habilidades relacionadas con las matemáticas, la lengua, el conocimiento de propio cuerpo o el desarrollo afectivo y social del alumnado.

GUILLEM ESCORIHUELA CARBONELL Y ANA MARÍA BOTELLA NICOLÁS

Para la organización de la educación musical tomamos como ejes vertebradores: percepción – representación – expresión:

a) El primero hace referencia a la educación auditiva, no fisiológica, sino musical, la audición se centra en el desarrollo de discriminación auditiva y audición comprensiva, en creaciones musicales como en audiciones de piezas. Estimulación sensorial. Desde el proceso perceptivo y analítico, el sonido es el eje fundamental para contribuir a una ciudadanía crítica y responsable, tanto como fenómeno físico como de los sonidos que nos rodean y que se destinan a las obras musicales y multidisciplinares. Desde la capacidad expresiva como medio de comunicación y potenciadora de la creatividad, la práctica vocal e instrumental, que se extiende al control y expresión corporal y en el trabajo dentro de las artes escénicas, resulta esencial para el desarrollo integral. Este enfoque implica abordar el área desde una perspectiva didáctica vivencial en la que el alumnado es un agente activo del aprendizaje. La escucha y el análisis auditivo están vinculados a una experimentación, interpretación, expresión y creación con el fin de reforzar e interiorizar todos los elementos que sean necesarios para el desarrollo competencial cuando finalice la Educación Primaria. De esta forma, se contribuirá a conseguir del alumnado la toma de conciencia sobre las posibilidades comunicativas y expresivas de la voz, el cuerpo y los medios externos.

b) El segundo eje implica una dimensión intelectual (notación musical). Escribir música no es el principio de una secuencia de actividades, sino la última. La lectoescritura musical representa el fin de proceso (notaciones no convencionales a través de vivencia y práctica musical).

c) Por último, la expresión se trabaja a través de elementos mediadores: los instrumentos musicales, la voz y el movimiento corporal. Trabajar la improvisación proporcionará una gran capacidad de expresión.

La metodología de la enseñanza musical tiene como meta la consecución de un aprendizaje significativo a través de la vivencia física de los elementos musicales mediante: cuerpo, movimiento, canción, instrumentos. Enseñamos los elementos del lenguaje musical a través de la experiencia para conceptualizar los conocimientos musicales. La educación musical tiene

La formación de maestros y maestras en el grado de educación primaria. Recursos didácticos para la enseñanza del ritmo y de la melodía

27

como punto de partida, desarrollo y final, la práctica musical: experiencia global.

Es necesario planificar actividades que permitan la práctica musical del tipo: audición musical, canto, movimiento corporal e instrumentaciones y detrás de ellas ya podremos realizar cualquier actividad de lectoescritura, gamificación a través de: canciones, bailes, musicogramas, instrumentaciones, paisajes sonoros, etc.

III. LAS CUALIDADES DEL SONIDO Y SU RELACIÓN CON EL RITMO Y LA MELODÍA A TRAVÉS DE LA AUDICIÓN

La formación de maestros y maestras en el grado de educación primaria.
Recursos didácticos para la enseñanza del ritmo y de la melodía

29

Fonógrafo, sistema de grabación y reproducción utilizado desde 1878

III. LAS CUALIDADES DEL SONIDO A TRAVÉS DE LA AUDICIÓN Y SU RELACIÓN CON EL RITMO Y LA MELODÍA

30

GUILLEM ESCORIHUELA CARBONELL Y ANA MARÍA BOTELLA NICOLÁS

LAS CUALIDADES DEL SONIDO Y SU RELACIÓN CON EL RITMO Y LA MELODÍA A TRAVÉS DE LA AUDICIÓN

El oído como órgano de la audición resulta de vital importancia para llegar a tener una percepción auditiva completa. Tiene una importancia fundamental en el entorno del individuo, permitiéndole relacionarse con el exterior, comunicarse, defenderse y, al mismo tiempo, disfrutar de percepciones externas agradables como la música (Martín, 2004).

Al recibir el sonido, la sensación llega al cerebro, que una vez que lo analiza, manda su respuesta. Por medio de esta actividad sensorial, el alumnado construye su mundo perceptivo. Agosti–Gherban y Rapp–Hess (1998, p. 17) proponen una pedagogía que concede privilegio a la audición activa:

> Tomar conciencia del medio ambiente sonoro, de los parámetros del sonido, de los ruidos exteriores y corporales, del silencio, por medio del movimiento, del juego, de lo imaginario, del grafismo. Vivir todas las nociones antes de verbalizarlas, permitiendo el análisis pasar del estadio de la manipulación pura, que es fundamental, al de la utilización consciente del objeto sonoro. Todo esto permite también al niño obtener un mayor dominio de sí mismo, tener una mayor conciencia de sí mismo y del grupo.

Según Willems (1976) es preciso despertar en el niño "la apetencia del sonido, así como la atención al fenómeno sonoro, con el fin de establecer las bases de la imaginación auditiva que es la clave de la audición interior, por lo cual diremos que es la base de la inteligencia auditiva" (p. 65).

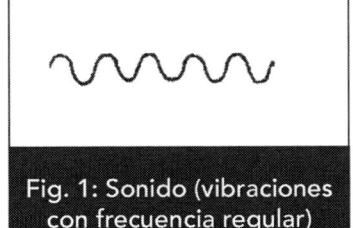

Fig. 1: Sonido (vibraciones con frecuencia regular)

¿Qué es el sonido? Podemos definir el sonido como una sensación auditiva que está producida por la vibración de algún objeto. Es la sensación que tiene lugar en el órgano del oído por el movimiento vibratorio de los cuerpos y trasmitido por un medio elástico como el aire (Pascual, 2002). Estas vibraciones son captadas por nuestro oído y transformadas en impulsos nerviosos que se mandan al cerebro.

Empleando una terminología más técnica citamos la definición que de sonido musical hace Valls (2003) cuando dice que es la "materia que constituye la

La formación de maestros y maestras en el grado de educación primaria.
Recursos didácticos para la enseñanza del ritmo y de la melodía

31

molécula estructural básica de la música" (p. 15). Por ejemplo, se puede señalar el sonido que se produce al romper un cristal, en un choque de autos, al frenar súbitamente; en cambio, el sonido musical es controlado por el hombre, posee la cualidad de tener vibraciones regulares que se perciben en forma precisa y son agradables al oído como la voz humana y los sonidos que se obtienen al tocar la flauta.

Fig. 2: Ruido (vibraciones con frecuencia irregular)

El sonido se diferencia del ruido en la regularidad y en la armonía, porque el sonido se produce por vibraciones regulares y en alguna medida armónica, mientras que el ruido es producido por vibraciones irregulares que nos dan una sensación confusa sin una entonación determinada (Arguedas, 2004). Hoy en día no se puede excluir el ruido de la música como tradicionalmente se ha hecho. Sonido y ruido participan de la música en muchas composiciones contemporáneas, en la música electrónica y en algunos estilos de música popular moderna.

1. Intensidad

Desde el comienzo del siglo XIX, el uso musical de diferencias de volumen recibe el nombre de *intensidad* o *dinámica*. En este periodo se desarrolla y perfecciona mucho el uso de diferentes dinámicas como recurso expresivo musical (Langeveld, 2002). La intensidad nos permite discriminar si el sonido es fuerte o débil. Está determinada por la cantidad de energía de la onda y depende de la amplitud del movimiento vibratorio de la fuente que lo produce, pues cuanto mayor sea la amplitud de la onda, mayor es la cantidad de energía que genera y, por tanto, mayor es la intensidad del sonido (Botella, 2013).

La notación de la intensidad se lleva a cabo con signos especiales, llamados *signos dinámicos* o *indicaciones de dinámica*. Para indicar una intensidad en particular se usan letras en cursiva, escritas generalmente bajo el pentagrama. Los más habituales son:

GUILLEM ESCORIHUELA CARBONELL Y ANA MARÍA BOTELLA NICOLÁS

pp	**Pianissimo**	Bastante suave.
p	**Piano**	Suave
mp	**Mezzopiano**	Literalmente, la mitad de suave que piano.
mf	**Mezzoforte**	De manera similar, es la mitad de forte. Es más común el uso de mezzopiano. Nota: si no aparece algún indicador de dinámica, mezzoforte se asume como dinámica imperante por defecto.
f	**Forte**	Fuerte.
ff	**Fortissimo**	Bastante fuerte.
sfz	**Sforzando**	Literalmente "forzando", muestra un cambio abrupto, fuerte acento a una nota o acorde en particular.
$<$	**Crescendo**	Incremento gradual de la intensidad
$>$	**Decrescendo**	Disminución gradual de la intensidad

Fig. 3: Signos dinámicos

2. Timbre

Es la cualidad que permite distinguir la fuente sonora, es decir, diferenciar la misma nota producida por dos instrumentos distintos. Para Schafer (2011), el timbre es "la superestructura característica de un sonido que distingue a un instrumento de otro dadas una misma frecuencia e intensidad" (p. 23). "Así como es imposible oír hablar sin oír algún timbre determinado, así también la música sólo puede existir según algún determinado color" (Copland, 1988, p. 84). Este autor continúa diciendo que esta cualidad es análoga al color en pintura y que es un elemento que fascina no sólo por sus vastos recursos, sino también por sus limitadas posibilidades futuras. Es interesante su visión sobre los objetivos que debe tener el auditor inteligente:

LA FORMACIÓN DE MAESTROS Y MAESTRAS EN EL GRADO DE EDUCACIÓN PRIMARIA. RECURSOS DIDÁCTICOS PARA LA ENSEÑANZA DEL RITMO Y DE LA MELODÍA

33

a. Aguzar la conciencia de los diversos instrumentos y características sonoras de éstos.

b. Adquirir una mejor percepción de los propósitos expresivos del compositor cuando usa algún instrumento o combinación.

3. Altura. El pentagrama y las claves

Hace referencia a la frecuencia de vibración de un cuerpo, es decir el número de vibraciones por segundo (vib/seg) que tiene un sonido. Por tanto, define si un sonido es grave (menos vib/seg) o agudo (más vib/seg). Cuanto más alta sea la frecuencia del sonido, mayor será la altura del sonido; cuanto más baja sea la frecuencia, menor será la altura del sonido. Está determinada por la velocidad de vibración del cuerpo y es la frecuencia o número de vibraciones por segundo. Medimos esta característica en Herzios (Hz), el número de veces que vibra una onda sonora en un segundo. Los humanos podemos percibir los sonidos comprendidos entre 20Hz y 16.000Hz (Langeveld, 2002). Por debajo están los infrasonidos y, por encima, los ultrasonidos. Un sonido será grave o agudo dependiendo de su frecuencia. Al este respecto, Vivanco (1986), opina que "nosotros no oímos todas las vibraciones que producen todos los materiales que nos rodean porque nuestra membrana del tímpano no vibra ante frecuencias muy bajas o muy altas" (p. 60). Didácticamente, deben trabajarse, entre otros aspectos, la discriminación de tonos o alturas y la diferenciación de voces e instrumentos que emiten sonidos agudos y/o graves.

Todos los sonidos musicales se escriben en el **pentagrama.** El pentagrama, como ya dijimos, es un conjunto de cinco líneas horizontales paralelas que se utilizan como base para escribir música. Es el principal sistema de notación musical utilizado en la música occidental. Cada línea y espacio del pentagrama representa una nota musical.

El pentagrama consta de cinco líneas horizontales y cuatro espacios entre ellas. Las líneas y espacios se numeran de abajo hacia arriba. Las notas musicales se representan en el pentagrama mediante figuras. Dependiendo de la posición de la cabeza de la figura en el pentagrama, se puede determinar la altura de la nota. Las notas agudas se colocan relativamente más altas en el pentagrama, mientras las graves lo hacen en las partes más bajas del mismo.

El pentagrama proporciona un medio claro y universal para leer y escribir música, permitiendo a los músicos interpretar las notas y ejecutarlas correctamente. Cada línea y espacio del pentagrama representa una nota específica en el contexto del sistema de notación musical occidental, lo que facilita la comunicación y la interpretación musical entre los músicos.

De cara a determinar la exacta entonación de un sonido del pentagrama es necesario definir la entonación de al menos una línea del pentagrama, lo que se lleva a término con la incorporación, al principio de cada pentagrama, de un signo denominado clave. Una vez hecho esto, todas las demás líneas y espacios pueden ser determinadas por referencia al sonido de esa línea.

En música, las **claves** son símbolos colocados al principio del pentagrama que indican la posición de las notas musicales en relación con las líneas y espacios del pentagrama. Las claves son esenciales para la lectura y comprensión de la notación musical, ya que determinan la altura de las notas y permiten a los intérpretes identificar los sonidos correspondientes. Al igual que una llave nos abre una puerta, la clave nos abre al conocimiento y lectura de la música, ya que nos permite descifrar el nombre, y por tanto la altura, de los símbolos que se colocan en el pentagrama, las notas. Existen tres claves principales utilizadas en la música occidental:

Fig. 4: Cave de Sol

Fig. 5: Cave de Fa

Fig. 6: Cave de Do

1. Clave de Sol: La clave de Sol se representa por un símbolo similar a una "G" y se coloca en una de las líneas del pentagrama. La clave de Sol indica que la segunda línea del pentagrama (contando desde abajo) corresponde a la nota sol. A partir de ahí, se pueden inferir las demás notas en función de su posición en las líneas y espacios.

LA FORMACIÓN DE MAESTROS Y MAESTRAS EN EL GRADO DE EDUCACIÓN PRIMARIA. RECURSOS DIDÁCTICOS PARA LA ENSEÑANZA DEL RITMO Y DE LA MELODÍA

35

2. Clave de Fa: La clave de Fa tiene dos variantes: la clave de Fa en cuarta línea y la clave de Fa en tercera línea. La clave de Fa en cuarta línea se representa por un símbolo similar a una "F" con dos puntos, y se coloca en la cuarta línea del pentagrama. La clave de Fa en tercera línea se representa por un símbolo similar a una "F" y se coloca en la tercera línea del pentagrama. Estas claves indican que las notas correspondientes a esas líneas son fa.

3. Clave de Do: La clave de Do se representa por un símbolo similar a una "C" y se coloca en una de las líneas del pentagrama. La clave de Do indica que esa línea corresponde a la nota Do, y se puede colocar en la primera, la segunda, la tercera o la cuarta línea del pentagrama.

La elección de la clave depende del rango de las notas que se utilicen en la pieza musical. Cada clave establece una referencia para las notas y facilita la lectura de la música, ya que permite identificar rápidamente la posición de las notas en el pentagrama. Además de estas claves principales, también existen claves menos comunes, como la clave de percusión, utilizada para indicar notas en instrumentos de percusión. Lo ideal para una lectura fácil es que la música, las notas, queden lo más dentro del pentagrama posible y se usen pocas líneas adicionales. Por eso, depende del registro del instrumento o la voz para el cual se escribe, se usarán unas claves y otras. La clave de Fa es común en instrumentos graves como el contrabajo, la tuba o el violonchelo, mientras que los instrumentos agudos como la flauta, la trompeta, el violín o el clarinete usan la clave de Sol. Lo mismo ocurre con las voces agudas y las voces graves.

4. Duración

Se refiere a la prolongación en el tiempo de un sonido. Esta cualidad está relacionada con el tiempo de vibración del objeto, o sea, que nos permite diferenciar sonidos largos de sonidos cortos (Botella, 2013a). La podemos definir como el tiempo de permanencia de un sonido. La sucesión de sonidos de distinta duración nos da el ritmo. La duración de un sonido depende de dos factores: el amortiguamiento (Pascual, 2002) o fenómeno por el cual un sonido se mantiene sonando cuando lo accionamos y la voluntariedad, que está en función de la intención del intérprete.

En la siguiente tabla–resumen aparecen esquemáticamente las cualidades del sonido:

CUALIDADES DEL SONIDO			
INTENSIDAD	ALTURA	TIMBRE	DURACIÓN
♦ Permite distinguir un sonido fuerte de otro débil.	♦ Permite distinguir un sonido grave de otro agudo.	♦ Permite distinguir la voz y el instrumento que emite el sonido.	♦ Permite distinguir un sonido largo de otro corto.
♦ Está ligada a la amplitud de las vibraciones sonoras.	♦ Está ligada a la frecuencia de las vibraciones de la fuente sonora.	♦ Depende de la mezcla de armónicos, del número de ondas coincidentes.	♦ Está ligada a la persistencia de onda.
♦ Está en relación con la dinámica.	♦ Está en relación con la melodía.	♦ Está en relación con la instrumentación.	♦ Cuanto más persista la onda más larga será un sonido.
♦ Se representa por medio de términos italianos y reguladores.	♦ Se representa por medio de notas.		♦ Está en relación con el ritmo.
			♦ Se representa por medio de figuras y silencios.
Tabla 1. Cualidades del sonido			

Dado que el enfoque en el que se basa el Decreto 106/2022 es que el estudiantado es un agente activo en su aprendizaje, es por lo que la audición está vinculada a una experimentación, interpretación, expresión y creación, con el objetivo de reforzar los elementos y competencias de la Educación Primaria. Cabe destacar nuevamente que la audición es el eje principal que marca cómo se desarrolla y se estructura la música en el proceso de enseñanza-aprendizaje, por lo que los elementos instrumentales, vocales o corporales son fundamentales para reforzar esa escucha activa que buscamos. Por todo

LA FORMACIÓN DE MAESTROS Y MAESTRAS EN EL GRADO DE EDUCACIÓN PRIMARIA.
RECURSOS DIDÁCTICOS PARA LA ENSEÑANZA DEL RITMO Y DE LA MELODÍA

37

ello, cuando hablamos de audición, no sólo nos referimos a fomentar una escucha activa exclusivamente de piezas musicales, sino también a analizar sonidos que nos rodean en el día a día, para así poder discriminar las agresiones acústicas entre otras razones. Al terminar la etapa de Primaria, el alumnado debería identificar las cualidades del sonido y sus características, utilizando elementos gráficos y terminología específica, así como reconocer, clasificar y relacionar agrupaciones musicales diversas. Algunas audiciones que pueden usarse en el aula de primaria para el trabajo de las cualidades del sonido son:

a. Intensidad: *The Moontrane* (Woody Shaw) • *https://acortar.link/zorSqS* • sonidos fuertes // *Sonata para piano n.º 14* en do sostenido menor, op. 27, n.º 2 (Ludwig van Beethoven) • *https://acortar.link/swnZJz* • sonidos débiles.

b. Altura: *The Magic Flute* (Wolfgang Amadeus Mozart) • *https://acortar.link/XjpKos* • sonidos agudos // *Sixteen Tons* (Tennessee Ernie Ford) • *https://acortar.link/0HgxgM* • sonidos graves.

c. Timbre: *La Marcha Radetzky* (Johann Baptist Strauss I) • *https://acortar.link/SXhAAV* • misma nota en instrumentos diferentes // *Sinfonía n.º 5 en do menor*, op. 67 (Ludwig van Beethoven) • *https://acortar.link/ObvYdg* • misma nota en instrumentos diferentes.

d. Duración: *Toccata and Fugue in D Minor* (Johann Sebastian Bach • *https://acortar.link/VjulAy* • sonidos largos // *Pizzicato Polka*, op. 234 (Johan Baptist Strauss II y Josef Strauss)• *https://acortar.link/wxAdWN* • sonidos cortos.

GUILLEM ESCORIHUELA CARBONELL Y ANA MARÍA BOTELLA NICOLÁS

IV. FUNDAMENTOS TEÓRICOS DEL RITMO Y RECURSOS PARA SU ENSEÑANZA

La formación de maestros y maestras en el grado de educación primaria.
Recursos didácticos para la enseñanza del ritmo y de la melodía

39

Tocadisco, sistema de reproducción de los discos de vinilo, utilizado desde 1949

40

FUNDAMENTOS TEÓRICOS DEL RITMO Y RECURSOS PARA SU ENSEÑANZA

La palabra ritmo, viene del griego *rhythmos*, que nos lleva a pensar en algo que fluye o que circula. Hace referencia a cualquier movimiento regular y recurrente. Aristógenes (s. III a. C.) definió el ritmo como un orden en la repetición de duraciones en su tratado. Educado en preceptos pitagóricos, y más tarde discípulo de Aristóteles, estudió el ritmo como ley común de la danza, de la poesía y de la música, centrándose en esta última y asociándolo a la naturaleza. Se trata de los biorritmos, los ritmos astrológicos y todo lo relacionado con los movimientos regulares que encontramos en nuestro entorno, como ya describiera Fraisse (1976). Podríamos decir que los componentes básicos del ritmo son movimiento y orden. Como decía Platón, el ritmo es el orden en el movimiento.

Edgar Willems (1885–1975) agregó un tercer componente, la relatividad, imprescindible en el arte. Definió el ritmo como una relatividad entre el movimiento y el orden. Esta relatividad es la que pone en juego los elementos subjetivos de sensibilidad, fisiología, humanidad e irregularidad. Y es esa irregularidad lo que diferencia el ritmo de la rítmica. Willems concibe el ritmo a través del instinto y el movimiento corporal.

Otras definiciones tienen en cuenta la organización de la duración, la sucesión sucesiva de sonidos fuertes y débiles, o el movimiento marcado por esta sucesión de elementos.

La vivencia del ritmo la podemos mostrar a nuestro alumnado a través de elementos cotidianos que ocurren en el entorno, al observar la naturaleza y el universo: con el paso de los días y las noches, el vaivén de las olas del mar, los latidos del corazón, la respiración, las varillas de un reloj o fijándonos en el habla de las personas. Por ejemplo, al leer un texto poético o la letra de una canción somos conscientes de los acentos fuertes que marcan el ritmo de la lectura.

1. La duración de los sonidos: figuras y silencios

Al igual que la notación para delimitar las alturas de los sonidos, la notación que determina la duración de estos se ha desarrollado a través de los

LA FORMACIÓN DE MAESTROS Y MAESTRAS EN EL GRADO DE EDUCACIÓN PRIMARIA. RECURSOS DIDÁCTICOS PARA LA ENSEÑANZA DEL RITMO Y DE LA MELODÍA

41

siglos, quedando en la actualidad las figuras y silencios que a continuación relacionamos. Los símbolos se han colocado de mayor a menor duración. Cabe mencionar que la duración del sonido y del silencio es idéntica, pues son símbolos que indican el mismo tiempo.

NOTAS Y SILENCIOS RESPECTIVOS		
𝅝	▬	Redonda
𝅗𝅥	▬	Blanca
♩	𝄽	Negra
♪	𝄾	Corchea
𝅘𝅥𝅯	𝄿	Semicorchea
𝅘𝅥𝅰	𝅀	Fusa
𝅘𝅥𝅱	𝅁	Semifusa
Fig. 7: Notas y silencios		

La duración de estas notas y sus silencios es relativa. No se puede hablar pues de duración de una nota particular en sentido absoluto, sólo puede hacerse de forma relativa. Por ejemplo, una negra es la mitad de larga que una blanca, mientras que es el doble de una corchea.

La redonda es la nota que representa el sonido más largo. Una redonda es igual a dos blancas (cuatro tiempos en el compás de 4/4). Una blanca es igual a dos negras (dos tiempos en 4/4). Una negra es igual a dos corcheas (un tiempo en 4/4). Una corchea es igual a dos semicorcheas (medio tiempo en 4/4). Las duraciones relativas de las figuras se indican a continuación:

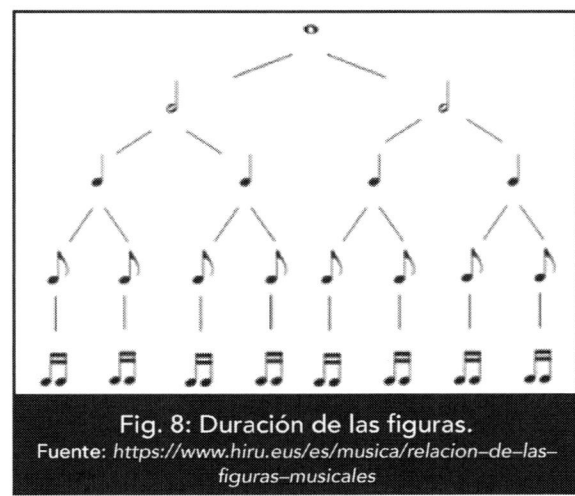

No es posible saber por ejemplo si una figura blanca es rápida o lenta. Una pieza hecha sólo con blancas puede ser interpretada rápida, lenta o con cualquier velocidad intermedia. Cuando nos referimos a la velocidad de interpretación de una nota o pieza, nos estamos refiriendo al concepto de movimiento o *tempo*.

De esta manera, la duración es la característica del sonido que nos permite diferenciar entre sonidos largos y sonidos cortos. Podemos definirlo como el tiempo de duración de un sonido musical. La sucesión de sonidos de diferente duración nos da el ritmo.

Ejercicio:

Entra en un buscador de internet y escribe la palabra "metrónomo[3]". Elije el metrónomo en línea que prefieras y selecciona un tempo regular de negra=60. Vamos a independizar ritmos con las manos, a través de la experiencia con nuestro propio cuerpo.

Paso 1: empezamos danto palmas contra la mesa al ritmo del metrónomo.

Paso 2: mano izquierda sigue igual y mano derecha marca corcheas.

Paso 3: mano izquierda sigue igual y mano derecha marca semicorcheas.

Paso 4: crea las combinaciones que puedas con las diferentes figuras.

Las duraciones que hemos visto se pueden enriquecer. Piensa que la música tiene múltiples posibilidades y a la hora de componer se exploran todas para crear obras inéditas. De esta manera, estas pueden extenderse por medio de signos de prolongación como son el puntillo, la ligadura y el

---

3 Se trata de un aparato utilizado para indicar el *tempo* o pulso de una composición musical. Inventado en 1815 por Johann Maelzel, produce regularmente una señal que permite a un músico mantener un pulso constante al ejecutar una obra musical. Normalmente se mide en negras por minuto.

LA FORMACIÓN DE MAESTROS Y MAESTRAS EN EL GRADO DE EDUCACIÓN PRIMARIA.
RECURSOS DIDÁCTICOS PARA LA ENSEÑANZA DEL RITMO Y DE LA MELODÍA

43

calderón. El **puntillo** es un signo (·) que se coloca a la derecha de una nota modificando su duración, aumenta la duración de la nota a la mitad. Por ejemplo, si una blanca es igual a dos negras, con puntillo vale tres. Si una negra vale dos corcheas, con puntillo equivale a tres. La **ligadura** es un signo de prolongación representado por una línea curva que se encuentra debajo de dos o más notas consecutivas de la misma altura y nombre, fusionando la duración de estas. Por ejemplo, dos negras ligadas equivalen a una blanca. Por último, el **calderón** es un signo que se coloca encima o debajo de una nota, prolongando su duración indefinidamente, queda al buen gusto del ejecutante. Colocado sobre un silencio o una barra, indica una interrupción de la música, su duración dependerá de la ejecución del intérprete.

Fig. 9: Signos de prolongación.
Fuente: Bautista, A. Recursos para educación primaria y musical.
https://acortar.link/CzmwGX

Ahora podríamos definir el ritmo como la forma en que un compositor combina sonidos y silencios, empleando diferentes duraciones y acentos. El elemento más básico del ritmo es el compás, que organiza el tiempo en partes iguales con la misma duración y con la misma acentuación. Como los ritmos de la naturaleza, como el movimiento de los planetas, la sucesión de las estaciones, o el pulso del corazón, el ritmo musical suele organizarse en patrones de recurrencia regular. Estos patrones determinan el movimiento musical y ayudan al oído humano a entender su estructura.

La unidad rítmica básica por excelencia es el pulso, un patrón regularmente espaciado que se asemeja al ritmo de un reloj. En la mayoría de la música de baile y en la música popular, el pulso aparece explícitamente, a menudo tocando tambores o con un patrón de acompañamiento regular. En música más compleja, el pulso es sólo implícito. El *tempo* de la música determina la velocidad del pulso; asimismo es más fácil detectar el pulso de una composición rápida que de una lenta.

Ejercicio:

Escucha el *Prélude* de la ópera *Carmen* del compositor francés Georges Bizet (1838–1875) e intenta seguir el pulso golpeando los dedos de una mano sobre la palma de la otra.

Ahora intenta hacer lo mismo con *Nimrod* de las *Variaciones Enigma* del británico Sir Edward Elgar (1857–1934).

¿Aprecias la diferencia de un pulso rápido y otro lento? Inténtalo con la música que escuchas habitualmente.

Combinando pulso y acentos obtenemos los ritmos básicos: binario, ternario y cuaternario.

El **ritmo binario** divide el tiempo en dos partes iguales acentuando la primera: <u>uno</u> dos / <u>uno</u> dos / <u>uno</u> dos... Si te fijas, el ritmo de estas palabras coincide con lo anterior: can–ta / to–ca / bai–la, etc. Este ritmo está presente, por ejemplo, en marchas y pasodobles.

Fig. 10: Ejemplo ritmo binario

El **ritmo ternario:** divide el tiempo en tres partes iguales, acentuando la primera: <u>uno</u> dos tres / <u>uno</u> dos tres / <u>uno</u> dos tres... Como el ritmo de estas palabras: cás–ca–ra / pál–pi–to. Este ritmo se puede encontrar en ciertos tipos de bailes como valses, o sevillanas.

Fig. 11: Ejemplo ritmo ternario

LA FORMACIÓN DE MAESTROS Y MAESTRAS EN EL GRADO DE EDUCACIÓN PRIMARIA. RECURSOS DIDÁCTICOS PARA LA ENSEÑANZA DEL RITMO Y DE LA MELODÍA

IV. FUNDAMENTOS TEÓRICOS DEL RITMO Y RECURSOS PARA SU ENSEÑANZA

45

El **ritmo cuaternario** divide el tiempo en cuatro partes iguales y acentúa la primera, y en menor grado la tercera: <u>uno</u> dos <u>tres</u> cuatro / <u>uno</u> dos <u>tres</u> cuatro... Como en: fá-cil-men-te / cuén-ta-me-lo. Este ritmo se puede encontrar en gran parte de la música ligera contemporánea: jazz, pop, rock, etc.

Fig. 12: Ejemplo ritmo cuaternario

Los compositores usan estos ritmos, pero enriquecen su trabajo a base de otros ritmos que pueden ser más complejos, cuyos acentos cambian constante e irregularmente.

Otro efecto rítmico interesante es el conocido como **polirritmia**, que consiste en la interpretación de dos o más ritmos diferentes simultáneamente. Estos ritmos superpuestos se pueden trabajar en el aula a través de la percusión, ya sea corporal o mediada por instrumentos. No obstante, un recurso indispensable a la hora de hacer polirritmias en clase es la palabra. Según algunos autores (Shuter–Dyson y Gabriel, 1981; Swanwick, 1988; Hargreaves, 1998), en edades tempranas comprendidas entre los 3 y 4 años, empieza el descubrimiento las posibilidades rítmicas y melódicas de la palabra. La polirritmia se revela como un recurso indispensable en el aula para llevar el ritmo con la ayuda del habla y desarrollar esta capacidad.

Ejercicio:

Cuando el acento de las palabras recae en lugares distintos de las diferentes voces de una composición, se genera un pasaje más rico rítmicamente. Practica este ejercicio para descubrir las posibilidades de la polirritmia:

GUILLEM ESCORIHUELA CARBONELL Y ANA MARÍA BOTELLA NICOLÁS

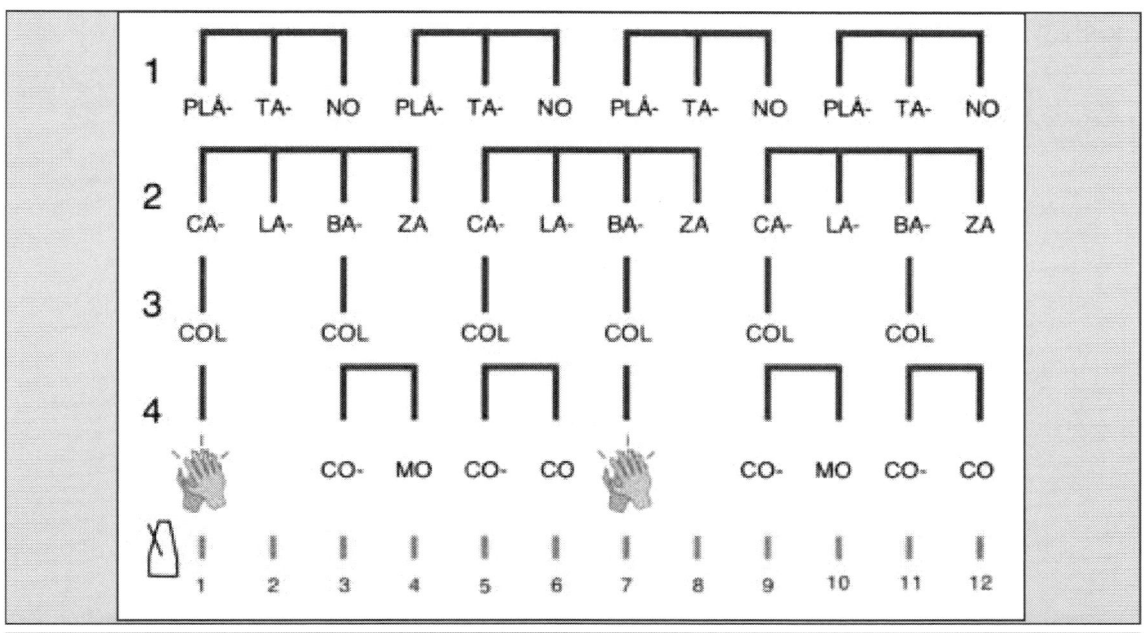

Fig. 13: Polirritmia. Fuente: Fundación Juan March.
https://recursos.march.es/web/musica/jovenes/africa–inspira–a–occidente/html/polirritmias.html

También hay partituras en las que el ritmo es libre, en las que no hay un ritmo definido o pulsación continua. El ritmo libre nos puede ayudar para trabajar improvisaciones en el aula, de manera totalmente libre o guiada a través de algún parámetro rítmico que el alumnado debe mantener.

Los ritmos se representan en notación musical mediante **compases**. Los compases son una división regular del tiempo musical, destacando la alternancia de tiempos acentuados y otros sin acentuación. La partitura se divide en fragmentos de tiempo que son los compases. Esta división se hace mediante una línea vertical que cruza el pentagrama y se llama **línea divisoria**.

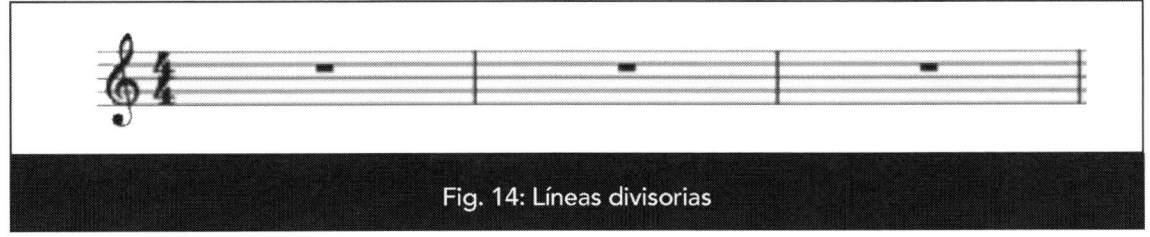

Fig. 14: Líneas divisorias

LA FORMACIÓN DE MAESTROS Y MAESTRAS EN EL GRADO DE EDUCACIÓN PRIMARIA. RECURSOS DIDÁCTICOS PARA LA ENSEÑANZA DEL RITMO Y DE LA MELODÍA

47

Existen varios tipos de líneas divisorias:

LÍNEAS DIVISORIAS	
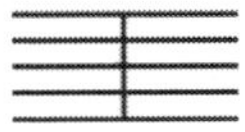	Línea divisoria normal: se usa para indicar la separación entre compases.
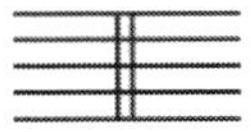	Doble barra: se usa para indicar el cambio de compás, llave, armadura, etc.
	Doble barra final: indica el final de una pieza.
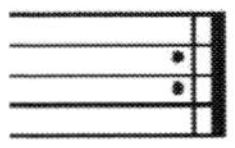	Doble barra con repetición: indica el final de una pieza o fragmento y la obligación de repetir.

Fig. 15: Tipos de líneas divisorias

Aunque el número de notas dentro de cada compás puede variar, la cantidad total de tiempo musical debe permanecer constante, salvo que se indique un cambio de compás. Cada compás se divide en varias partes iguales llamadas tiempos. Hay compases que son divididos en 2, 3 o 4 tiempos. Estos son los más comunes, aun así, un compás también se puede dividir en 5, 6, 7 o más tiempos.

El compás se indica al principio de la pieza justo después de la clave. Aunque se vuelve a escribir la clave y la armadura cada vez que se comienza un nuevo pentagrama, no ocurre así con el compás, que sólo se escribirá al principio de la pieza y, si hubiera cambio de compás, en el sitio en que éste se produzca. El tipo de compás se indica, como decíamos, al comienzo del pentagrama inmediatamente después de la clave por dos números colocados uno debajo del otro. Esta especie de fracción nos indica muchas cosas. El numerador muestra cuántas figuras caben en un compás, mientras que el denominador indica a qué tipo de figuras se refiere el numerador. El código es sencillo:

GUILLEM ESCORIHUELA CARBONELL Y ANA MARÍA BOTELLA NICOLÁS

1=redonda
2=blanca
4=negra
8=corchea
16=semicorchea

Por tanto, un 2/4 indica que en cada compás caben dos negras, donde la primera será fuerte y la segunda débil.

Compases simples y compuestos:

Un compás es **simple** cuando cada tiempo del compás es divisible por dos, es decir, que una nota puede ser reemplazada por otras dos, por ejemplo, 1 negra = 2 corcheas.

Los compases simples más comunes son:

2/4 = 2 / ♩   en cada compás caben dos negras

3/4 = 3 / ♩   en cada compás caben tres negras

4/4 = 4 / ♩   en cada compás caben cuatro negras, también aparece algunas veces con el símbolo C (compás de compasillo).

Un compás es **compuesto** cuando cada tiempo del compás es divisible por tres. Y así, es necesario que la unidad de tiempo tenga un puntillo. Por ejemplo, una negra con puntillo puede ser reemplazada por tres corcheas.

Los compases compuestos más comunes son:

6/8 = 2/♩·   en cada compás caben dos negras con puntillo

9/8 = 2/♩·   en cada compás caben tres negras con puntillo

12/8 = 2/♩·   en cada compás caben cuatro negras con puntillo

En la siguiente tabla puedes comparar los compases que hemos visto, donde **F** es fuerte, **d** es débil, y **sf** es semifuerte:

La formación de maestros y maestras en el grado de educación primaria. Recursos didácticos para la enseñanza del ritmo y de la melodía

49

Tabla 2: Tipos de compases					
Compás	RITMO	Simple o Compuesto	¿Qué entra en un compás?	Unidad de compás	Unidad de tiempo
2 4	Binario (F–d)	Simple	♩ ♩	𝅗𝅥	♩
6 8	Binario (F–d)	Compuesto	♪ ♪ ♪ ♪ ♪ ♪	♩.	♩.
3 4	Ternario (F–d–d)	Simple	♩ ♩ ♩	♩.	♩
9 8	Ternario (F–d–d)	Compuesto	♪♪♪ ♪ ♪♪♪♪♪	♩. + ♩.	♩.
4 4	Cuaternario (F–d–sf–d)	Simple	♩ ♩ ♩ ♩	𝅝	♩
12 8	Cuaternario (F–d–sf–d)	Compuesto	♪♪♪♪ ♪♪ ♪♪♪♪♪♪	𝅝·	♩.

Puedes comprobar las equivalencias de figuras en distintos compases a través de estos ejemplos:

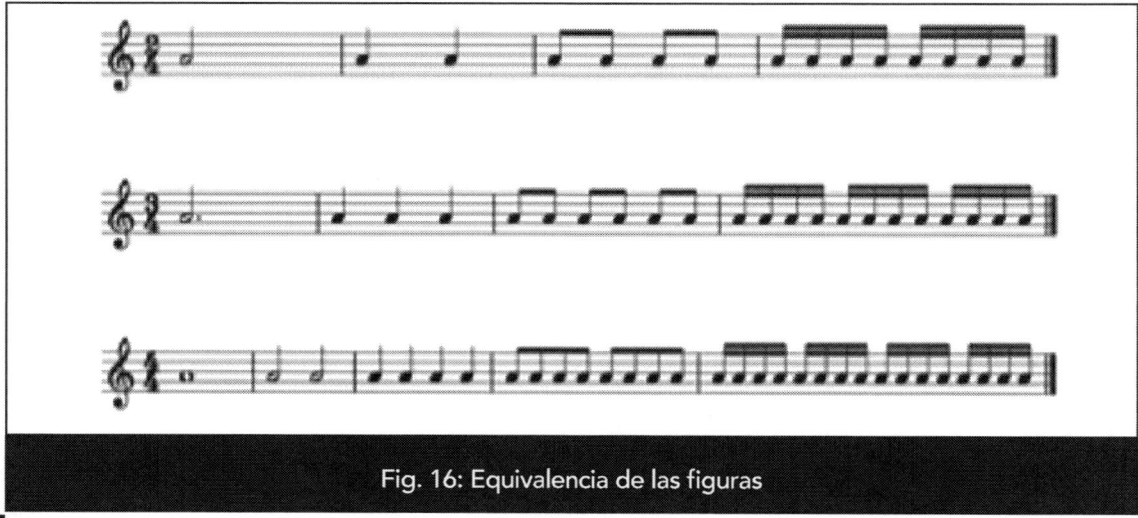

Fig. 16: Equivalencia de las figuras

GUILLEM ESCORIHUELA CARBONELL Y ANA MARÍA BOTELLA NICOLÁS

2. Los valores irregulares

Los valores irregulares se usan para escribir ritmos más allá de las divisiones de tiempos generalmente permitidos por la indicación de compás. Las notas se dividen normalmente en dos partes iguales. Así, como se ha visto en el ejemplo anterior, una blanca tiene la misma duración que dos negras, o cuatro corcheas, u ocho semicorcheas, etc. Este tipo de división se conoce como una división simple, tal y como se observa en la tabla 2.

No existen valores de notas simples para dividir una nota en 3, 5, 6, 7, 9, etc. partes. Tales divisiones deben conseguirse a base de una valoración irregular que reduce el espacio temporal entre las figuras, y que en castellano se ha nombrado con el sufijo "illo". Surgen así los tresillos, quintillos, seisillos, septillos, etc. De esta forma es posible cualquier división de una nota por un número entero, utilizando ese tipo de notación.

El valor irregular más común es el tresillo. Esta agrupación irregular de figuras musicales se escribe en la partitura con un 3 y una línea que abarca las tres notas sobre el grupo de figuras. Consta de tres figuras iguales que equivalen a dos figuras de la misma clase. Su función principal es introducir un ritmo ternario en un compás simple.

Fig. 17: Tresillo

El ejemplo que podemos ver es un tresillo de corcheas, consta de tres figuras de este nombre –corchea–, que se interpretan con el mismo valor, acentuando un poco la primera. Estas tres corcheas equivalen a dos y valen un tiempo.

Las etapas naturales de aprehensión de un ritmo se pueden enumerar de la siguiente manera:

1. Cuantificación de sonidos estructurados rítmicamente, la referencia es el **número**

2. Duración de los impactos, clasificados en largos y cortos. Mediante el movimiento corporal llegamos al conocimiento del *tempo* musical y al concepto de **pulsación.**

LA FORMACIÓN DE MAESTROS Y MAESTRAS EN EL GRADO DE EDUCACIÓN PRIMARIA.
RECURSOS DIDÁCTICOS PARA LA ENSEÑANZA DEL RITMO Y DE LA MELODÍA

51

3. Elementos de intensidad que identificamos como *forte* o *piano*, y que nos llevarán a los acentos musicales y al concepto de compás como elemento de organización musical. Estamos en el campo de la **acentuación**, donde un recurso fundamental será la palabra.

4. Y, por último, la **subdivisión** del pulso, que nos acerca a los conceptos de compás simple (subdividir en mitades) y compás compuesto (subdividir en tercios).

3. Maneras de iniciar una pieza y desplazamientos de acentos

No todas las piezas musicales empiezan siempre en la primera parte del compás, donde, como hemos visto, reside el acento fuerte de la música. En función de la parte del compás en la que empieza la música, nos encontramos ante tres tipos diferentes de inicios.

El inicio **tético** es aquél donde el inicio coincide con el ictus inicial, el primer compás está completo. Por ejemplo, si el compás es de 4/4 sumará 4 tiempos de negra. Con esto, la melodía empieza en el primer tiempo del compás (fuerte). Como ejemplo podemos ver este inicio de la melodía de la *Pequeña Serenata Nocturna* K. 525 de Wolfang Amadeus Mozart:

Fig. 18: *Pequeña Serenata Nocturna* K. 525 de W. A. Mozart

Como curiosidad, puedes saber que el inicio tético es un término utilizado en teoría musical para describir la primera nota de una melodía o de una frase musical que comienza en el primer tiempo de un compás. En otras palabras, cuando una melodía o una frase musical comienza en el primer tiempo de un compás, se dice que tiene un inicio tético. Esto es muy común en la música occidental y en muchos otros géneros musicales.

El inicio tético se utiliza a menudo como una herramienta de composición musical para establecer el ritmo y la estructura de una pieza musical. Al

GUILLEM ESCORIHUELA CARBONELL Y ANA MARÍA BOTELLA NICOLÁS

comenzar una melodía o una frase musical en el primer tiempo de un compás, se establece una sensación de pulso y de estructura rítmica que ayuda a unir la música y a darle cohesión.

Es importante destacar que el inicio tético no es un concepto limitante, y muchos compositores y músicos pueden jugar con las expectativas del oyente al romper con el patrón tético y crear estructuras rítmicas más complejas y variadas.

Por otra parte, el inicio **anacrúsico** es el que se da en piezas musicales que no comienzan en el inicio de compás (en tiempo fuerte), sino que unas notas preceden (a modo de compás incompleto) la llegada del tiempo fuerte en el compás completo, que es el segundo. Esto se llama anacrusa.

El comienzo anacrúsico prepara o anticipa el arranque del primer compás completo con uno incompleto, normalmente sin silencios. Es muy habitual en piezas que arrancan en anacrusa, que también el final sea en silencio no escrito. De esta manera, el último compás está incompleto, finalizando la música antes de su valor completo.

En este ejemplo de la conocida melodía de *Cumpleaños feliz* lo puedes comprobar:

Fig. 19: *Cumpleaños feliz*

En otras palabras, cuando una melodía empieza en anacrusa, es cuando una nota o un grupo de notas aparecen antes del primer tiempo fuerte de un compás.

El inicio anacrúsico es una técnica musical común en muchos géneros, incluyendo la música popular, el jazz y la música clásica. Se utiliza para dar un impulso inicial a la música y para crear una sensación de movimiento hacia el primer tiempo del primer compás completo.

LA FORMACIÓN DE MAESTROS Y MAESTRAS EN EL GRADO DE EDUCACIÓN PRIMARIA. RECURSOS DIDÁCTICOS PARA LA ENSEÑANZA DEL RITMO Y DE LA MELODÍA

53

En la música popular, el inicio anacrúsico se utiliza a menudo para crear un gancho o un enganche que atraiga al oyente a la canción. Como hemos visto, en la canción *Cumpleaños feliz*, las palabras cumpleaños y feliz son un ejemplo de inicio anacrúsico, ya que comienzan antes del primer tiempo del siguiente compás.

En la música clásica, el inicio anacrúsico se utiliza a menudo para crear un efecto de suspensión o anticipación antes de la entrada del tema principal. Por ejemplo, en la *Sinfonía No. 5* de Ludwig van Beethoven, la famosa melodía comienza con un inicio anacrúsico de cuatro notas que conducen a la entrada del tema principal en el primer tiempo del primer compás completo.

En resumen, el inicio anacrúsico es una técnica musical que se utiliza para dar impulso y crear anticipación en una pieza musical al comenzar una melodía o frase musical antes del primer tiempo del primer compás.

Por último, existe un inicio al que llamamos **acéfalo**. Como su nombre indica, a este inicio melódico que marca el ritmo de la pieza musical, le falta la cabeza. Estaremos ante un inicio acéfalo cuando falte el primer tiempo o parte del mismo de la melodía. El ritmo acéfalo empieza justo después del tiempo fuerte o ictus, o en una de las partes débiles de este mismo.

Este tipo de inicio crea una sensación de tensión o inestabilidad en la música. El inicio acéfalo es un recurso común en la música contemporánea y en algunos géneros folclóricos, como la música balcánica y la música tradicional de los Balcanes. En estas tradiciones, el inicio acéfalo se utiliza a menudo para crear un ritmo y una sensación de anticipación que se resuelve en el siguiente compás.

A diferencia del inicio tético, que establece un patrón rítmico claro desde el principio de una melodía, el inicio acéfalo crea un efecto de sorpresa y tensión en la música. Esta técnica se utiliza a menudo en la música contemporánea para crear interés y complejidad en la estructura musical.

En resumen, el inicio acéfalo es una técnica musical que se utiliza para crear tensión y complejidad en la estructura rítmica de una pieza musical al comenzar una melodía o frase musical después del primer tiempo del compás.

Un ejemplo lo tenemos en la melodía americana *When the Saints Go Marching*

In, que es una canción sagrada y gospel, popular en innumerables variaciones que se ha convertido en una música habitual y un estándar de jazz.

Fig. 20: *When the Saints Go Marching In*

Como se ha visto en los inicios anacrúsicos y acéfalos, la melodía puede que no empiece en el tiempo fuerte. En los compases binarios, cada tiempo del compás se divide en dos, es lo que llamamos **subdivisiones**. La subdivisión de los tiempos en música se refiere a la división de cada tiempo en unidades más pequeñas. Por ejemplo, en un compás de 4/4, cada tiempo se divide en dos unidades iguales y la subdivisión se representa por una corchea.

La subdivisión de los tiempos es importante en la música porque permite que los músicos toquen ritmos más complejos y precisos. Al subdividir los tiempos, se pueden crear patrones rítmicos más interesantes y variados. Por ejemplo, en lugar de tocar una nota en cada tiempo, un músico puede tocar dos notas por tiempo subdividiendo cada tiempo en dos unidades iguales. Esto se llama subdivisión binaria.

Existen diferentes formas de subdividir los tiempos en la música. En la subdivisión ternaria, cada tiempo se divide en tres unidades iguales, lo que crea un patrón rítmico diferente. No obstante, nos quedamos con la subdivisión binaria para entender el siguiente concepto: tiempo y contratiempo.

El tiempo y el contratiempo son conceptos fundamentales en la teoría musical que se utilizan para describir el ritmo y la acentuación de una pieza musical.

El tiempo se refiere al pulso o ritmo básico de una pieza musical. En la mayoría de los casos, se establece un patrón rítmico claro que se repite a lo largo de toda la pieza. Por ejemplo, en una canción en tiempo 4/4, se establece un patrón de cuatro tiempos en cada compás. El tiempo fuerte, también conocido como "primer tiempo" de cada compás, es el momento en el que se espera el acento principal.

LA FORMACIÓN DE MAESTROS Y MAESTRAS EN EL GRADO DE EDUCACIÓN PRIMARIA.
RECURSOS DIDÁCTICOS PARA LA ENSEÑANZA DEL RITMO Y DE LA MELODÍA

55

El contratiempo, por otro lado, es una acentuación en un momento que no es el tiempo fuerte de un compás. En otras palabras, se trata de una acentuación que se produce entre los tiempos fuertes. El contratiempo puede ser utilizado para crear una sensación de tensión o para enfatizar ciertas partes de la música. Por ejemplo, en la música de baile, el contratiempo se utiliza a menudo para acentuar el ritmo y hacer que la música sea más bailable.

El tiempo y el contratiempo son elementos clave en la creación de la sensación rítmica de una pieza musical. Al utilizar diferentes combinaciones de tiempo y contratiempo, los compositores pueden crear una variedad de ritmos y patrones rítmicos que pueden tener un efecto emocional en el oyente.

Por decirlo de otra manera, el tiempo se refiere al pulso o ritmo básico de una pieza musical, mientras que el contratiempo es una acentuación que se produce entre los tiempos fuertes. Ambos son elementos fundamentales en la creación de la sensación rítmica de una pieza musical y pueden ser utilizados de diferentes maneras para crear una variedad de patrones rítmicos y emociones en la música.

En el siguiente ejemplo podemos ver como en la parte fuerte de cada tiempo hay un silencio de corchea, y lo que suena es el contratiempo a corcheas en la nota sol.

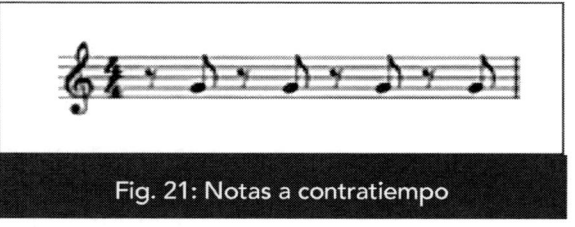

Fig. 21: Notas a contratiempo

Cuando la acentuación del tiempo fuerte se desplaza de su lugar natural, iniciándose sobre el contratiempo, hablamos de **síncopa**. La síncopa es un término utilizado en teoría musical para describir una técnica rítmica en la que el acento de una melodía o frase musical recae en un tiempo débil o fuera del tiempo fuerte de un compás. En otras palabras, se produce una síncopa cuando un sonido que debería ser débil se hace fuerte y viceversa.

La síncopa es una técnica musical muy común en muchos géneros, como el jazz, el funk, el soul, la música latina y la música popular. Se utiliza para crear un efecto de tensión y liberación en la música, lo que puede generar una sensación de movimiento y energía. Por ejemplo, en una canción de

GUILLEM ESCORIHUELA CARBONELL Y ANA MARÍA BOTELLA NICOLÁS

rock, una batería puede tocar un golpe de tambor en el tercer tiempo de un compás de cuatro tiempos, en lugar de en el primer tiempo, lo que crea una síncopa. Esto da una sensación de empuje hacia adelante en la música y puede hacer que la canción suene más dinámica y emocionante. En la música latina, la síncopa es un elemento clave del ritmo y se utiliza a menudo para crear patrones rítmicos complejos. Por ejemplo, en la salsa, los instrumentos de percusión a menudo tocan patrones rítmicos sincopados para crear una sensación de movimiento y energía en la música.

En definitiva, la síncopa es una técnica musical que se utiliza para crear un efecto de tensión y liberación en la música al acentuar una nota en un tiempo débil o fuera del tiempo fuerte de un compás. Es una técnica muy común en muchos géneros musicales y puede ayudar a crear una sensación de movimiento y energía en la música.

A continuación, puedes ver una melodía sincopada en la pieza *Júpiter* de la obra orquestal *The Planets* del compositor inglés Gustav Holst.

Fig. 22: *Júpiter (Los planetas)*. G. Holst

4. Recursos para la enseñanza y el aprendizaje del ritmo

La enseñanza del ritmo musical es un proceso importante y emocionante que implica varios aspectos. Enseñar ritmo puede parecer un desafío, pero con una buena planificación y estrategias efectivas, puede ser una experiencia gratificante tanto para el maestro como para el alumno. Algunas estrategias útiles para la enseñanza del ritmo pasan por:

1.**Comienza con lo básico**: Es importante comenzar con lo básico para que los estudiantes tengan una comprensión sólida de los conceptos fundamentales del ritmo. Esto incluye la duración de las notas, los valores de las notas, los silencios, el *tempo* y la acentuación.

LA FORMACIÓN DE MAESTROS Y MAESTRAS EN EL GRADO DE EDUCACIÓN PRIMARIA. RECURSOS DIDÁCTICOS PARA LA ENSEÑANZA DEL RITMO Y DE LA MELODÍA

57

2. Utiliza ejemplos y recursos visuales: Utiliza ejemplos y recursos visuales, como imágenes, diagramas y videos, para ayudar a los estudiantes a visualizar y entender mejor los conceptos de ritmo. Puedes mostrarles cómo se escriben las notas en el pentagrama y cómo se relacionan con el tiempo.

3. Prueba con ejercicios prácticos: Proporciona ejercicios prácticos para que los estudiantes practiquen el ritmo. Los ejercicios pueden incluir *clapping* o golpeando en diferentes ritmos, escuchando y analizando diferentes estilos de música, o cantando una canción y acentuando ciertas sílabas.

4. Emplea juegos y actividades interactivas: Los juegos y actividades interactivas pueden hacer que la enseñanza del ritmo sea más divertida y memorable para los estudiantes. Por ejemplo, puedes jugar al "Simon dice" para practicar diferentes ritmos, o usar juegos de mesa que involucren el ritmo y la música.

5. Ajusta la enseñanza al nivel de habilidad: Es importante adaptar la enseñanza del ritmo al nivel de habilidad de los estudiantes. Algunos estudiantes pueden necesitar más práctica y repeticiones para comprender los conceptos, mientras que otros pueden necesitar desafíos adicionales para mantener su interés y motivación.

6. Fomenta la creatividad y la exploración: Fomenta la creatividad y la exploración para que los estudiantes puedan desarrollar su propio sentido del ritmo y estilo musical. Anima a los estudiantes a improvisar y crear sus propias piezas de música utilizando los conceptos de ritmo que han aprendido.

Recuerda que la enseñanza del ritmo es un proceso continuo y que requiere tiempo, paciencia y práctica. Con la dedicación y el enfoque adecuados, puedes ayudar a tus estudiantes a desarrollar sus habilidades rítmicas y su pasión por la música.

Hay muchos ejercicios para interiorizar y comprender las variedades rítmicas que ofrece el lenguaje musical. Un recurso didáctico para distinguir entre los tiempos fuertes y débiles de los compases es **poner texto a una música**

dada. Para empezar con los compases simples se le proporciona al alumnado 3 músicas en 2/4, 3/4 y 4/4. Primero en formato audio para que las escuche bien e intente pensar una letra que sea acorde a la distribución de los tiempos de cada una de ellas. La música seleccionada no debería ser mayor a 8 compases y estar bien marcada para que quede claro el juego de tiempos fuertes y débiles. Las canciones populares o infantiles siempre son un buen ejemplo. Si son conocidas por los estudiantes es mejor, ya que les será más fácil buscar una letra que case con el ritmo. Pueden servir algunas canciones como *El patio de mi casa* o *Ratón que te pilla el gato*. Cuando el alumnado haya reconocido la música y haya empezado el proceso creativo de generar un texto, se le facilitará la partitura. Es el momento en el que son capaces de conectar su conciencia auditiva con los conocimientos del lenguaje musical y la parte artística en la que crean una letra. A continuación, puedes ver un ejemplo con la canción popular francesa *Frère Jacques*:

Fig. 23: *Frère Jacques*

Otro ejercicio rítmico que afianza los conocimientos del lenguaje musical es el de **marcar barras de compás**. Ante una partitura con compás en el inicio del pentagrama, pero sin líneas divisorias entre compases, el estudiante tiene que poner la línea cuando las figuras ocupan la duración de un compás. El ejercicio se debe hacer mientras se escucha la música, para así reconocer los tiempos fuertes y débiles del compás y marcar la barra justo antes del tiempo fuerte.

Identificar gráficamente la pulsación de una pieza musical es otra de las actividades que ayudan a comprender el ritmo. Se trata de escuchar

LA FORMACIÓN DE MAESTROS Y MAESTRAS EN EL GRADO DE EDUCACIÓN PRIMARIA.
RECURSOS DIDÁCTICOS PARA LA ENSEÑANZA DEL RITMO Y DE LA MELODÍA

59

atentamente la pieza musical seleccionada por el o la docente y ser capaz de llevar la pulsación, ya sea representándolo con nuestro cuerpo (por ejemplo, un dedo sobre la palma de la mano) o sobre el papel (creando una partitura rítmica en el momento). La música seleccionada debe tener un *tempo* estable evitando las piezas cadenciales o con demasiados *rubati* y libertades, aunque este pueda variar en algún momento dado. Se aconseja trabajar al menos dos piezas, y que sean contrastantes entre ellas en cuanto al *tempo*. En la música rápida el pulso es fácilmente detectable, más si la pieza incorpora instrumentos de percusión que marcan este pulso. Sin embargo, en la música lenta el espacio de tiempo entre pulso y pulso se dilata tanto que es fácil perder la pulsación y no ser capaz de encontrarla de nuevo. Compruébalo tú mismo/a con estas dos audiciones:

- ♦ *Tritsch–Tratsch Polka in A Major*, Op. 214 de Johann Strauss II
- ♦ *Violin sonata in C major*, BWV 1005, Largo de Johann Sebastian Bach

Si utilizamos metodologías como la ludificación, una de las actividades para trabajar las figuras rítmicas y la comprensión del sistema de notación musical es el juego del **dominó musical**. Éste cobra mayor interés cuando es el propio alumnado el que, por grupos, elabora su propio dominó, creando las fichas y jugando después. El dominó musical de figuras es una variante del dominó musical en la que se utilizan fichas con figuras musicales en lugar de notas musicales. En este juego, cada ficha contiene una figura musical, como una corchea, una negra, una blanca, etc. El objetivo del juego es crear una secuencia de figuras musicales que sigan el ritmo y la duración de la melodía que se está creando. Cada jugador comienza con un número determinado de fichas con figuras musicales. Luego, por turnos, cada jugador debe colocar una ficha en el centro de la mesa, tratando de que la figura musical en su extremo coincida con la figura musical de una ficha previamente jugada. El juego también incluye fichas especiales, como las de silencio, que permiten a un jugador saltar su turno sin colocar una ficha, y las de cambio de dirección, que cambian la dirección del juego, de izquierda a derecha o de derecha a izquierda. El dominó musical de figuras es una forma divertida y educativa de aprender sobre la teoría musical y la duración de las notas, al mismo tiempo que se experimenta con diferentes combinaciones de figuras musicales para crear una melodía coherente.

En definitiva, este dominó cambia los típicos puntitos del dominó convencional por figuras y símbolos musicales. Es una manera lúdica de que los alumnos repasen los conceptos que estudian en clase. Las reglas de juego son similares a las del dominó tradicional, pero en lugar de emparejar puntos, deberás emparejar figuras y símbolos musicales, como blancas con blancas o corcheas con corcheas. Pero hay que estar atento/a, ya que hay piezas que nos obligan a repasar temas como las equivalencias de las figuras, las duraciones y los pulsos. También se pueden añadir símbolos como el puntillo, introduciendo una mayor dificultad. Los juegos son una herramienta efectiva para captar la atención de los niños y jóvenes, y permiten repasar y afianzar los conceptos vistos en clase de manera divertida. Además, también podemos utilizar este juego en el hogar para acercar a los pequeños a la música y la teoría musical, mientras compartimos momentos de diversión en familia. El toque de creatividad a la actividad lo obtenemos con la creación de nuestro propio dominó musical.

Una forma sencilla de hacerlo es a partir de un dominó clásico, midiendo las dimensiones de las piezas y creando nuevas cubiertas con papel o cartulina para convertirlo en un dominó musical. Luego, podemos pegar las cubiertas sobre pinzas para colgar la ropa o sobre recortes de goma eva con las mismas medidas para crear nuestro propio dominó personalizado. En los siguientes ejemplos puedes ver cómo los hay de todo tipo.

Fig. 24: Ejemplos de dominó musical

Con la **improvisación rítmica** también se pueden aprender las figuras y el sentido rítmico de las frases musicales. La improvisación rítmica es un proceso creativo en el que el docente o el alumno, en este caso, crea patrones rítmicos en tiempo real sin una planificación previa. La improvisación rítmica puede ser parte de una actuación en vivo, una sesión de grabación o simplemente una práctica personal.

LA FORMACIÓN DE MAESTROS Y MAESTRAS EN EL GRADO DE EDUCACIÓN PRIMARIA. RECURSOS DIDÁCTICOS PARA LA ENSEÑANZA DEL RITMO Y DE LA MELODÍA

61

La clave para la improvisación rítmica es la capacidad de escuchar y sentir el ritmo. El alumnado debe estar familiarizado con los patrones rítmicos comunes y tener un buen sentido del tiempo para improvisar eficazmente. También es útil tener una comprensión de la estructura musical y la armonía para crear patrones rítmicos que complementen la música que se está tocando.

La improvisación rítmica puede ser una forma de expresión personal y creativa en la música. También puede ser una habilidad valiosa para los músicos que trabajan en diversos estilos musicales, desde el jazz y la música latina hasta el rock y el hip–hop. Al practicar la improvisación rítmica, los músicos pueden mejorar su técnica, su habilidad para escuchar y su capacidad para trabajar con otros músicos en un entorno colaborativo.

¿Cómo lo hacemos en el aula? Debemos colocar la clase en forma de semicírculo o U y la primera compañera o compañero de un extremo crea un esquema rítmico que debe ir dando la vuelta con pequeñas variaciones hasta llegar al compañero o compañera del otro extremo. Como docentes podemos dar unas pautas, es decir, guiar de alguna manera esa improvisación. Por ejemplo, indicando qué variedad de figuras pueden usar, cuántos compases deben hacer o con qué objetos o partes del cuerpo pueden marcar el ritmo (palmas, chasquidos, golpe piernas...). Se trataría entonces de una improvisación guiada. Como decíamos, la improvisación es una técnica musical que se utiliza para crear música de forma espontánea y creativa en el momento. Dentro de la improvisación existen dos tipos principales: la improvisación guiada y la improvisación libre.

La improvisación guiada es aquella en la que alguien establece ciertos parámetros o directrices para que otros músicos puedan improvisar dentro de ellos. Estos parámetros pueden incluir la tonalidad, la estructura musical, los cambios de acordes, los patrones rítmicos y melodías. En la improvisación guiada, los músicos pueden explorar sus propias ideas y sentimientos mientras se mantienen dentro de los límites establecidos por el líder o compositor. En nuestro caso, la improvisación es guiada por elementos rítmicos o tímbricos.

Por otro lado, la improvisación libre es una forma de improvisación en la que los músicos no tienen restricciones en cuanto a la tonalidad, la estructura o el ritmo. En la improvisación libre, los músicos pueden crear sonidos y texturas inesperados, explorar nuevas formas de tocar sus instrumentos y experimentar con el sonido y la música de maneras no convencionales. Una vez el alumnado ya es capaz de improvisar estructuras rítmicas de manera guiada, el siguiente paso en dificultad y complejidad intelectual es el de poder realizar improvisaciones libres en clase. De la misma manera que empezábamos el primer ejercicio, en semicírculo, la persona que esté en uno de los extremos creará un ritmo y sin perder musicalidad ni *tempo*, en el orden en el que están colocados se irá formando una improvisación que irá pasando de alumno en alumno hasta llegar al otro extremo de la U.

Ambas formas de improvisación son importantes y pueden ser utilizadas en diferentes contextos musicales. La improvisación guiada es común en estilos como el jazz y la música clásica contemporánea, mientras que la improvisación libre es más común en géneros como la música experimental y la música electrónica. La improvisación en cualquiera de sus formas, puede ser una forma emocionante y creativa de hacer música.

Uno de los ejercicios que más conectan los contenidos rítmicos y las competencias en este aspecto es el **dictado rítmico**. Al igual que cuando se estudia la lengua, el dictado sirve para conectar lo que escuchamos con las normas sintácticas y ortográficas de ese idioma, en música el dictado rítmico se presenta como una técnica de enseñanza musical que implica escuchar un patrón rítmico y luego escribirlo o reproducirlo en un instrumento. Es similar al dictado de notas, pero en lugar de notas, se trata de patrones de duración y acentuación en el tiempo.

El dictado rítmico se utiliza comúnmente en la enseñanza de la teoría musical y la lectura de partituras. Puede ser útil para mejorar la habilidad de los músicos para leer y escribir ritmos y para comprender la estructura rítmica de una pieza musical. Además, el dictado rítmico puede ser beneficioso para la comprensión auditiva y la memoria musical, ya que requiere una escucha cuidadosa y una reproducción precisa.

El proceso de dictado rítmico comienza con la audición de un patrón rítmico, ya sea tocado por el profesor o grabado en una fuente de audio. Luego, el estudiante debe escribir o tocar el patrón rítmico. El profesor puede proporcionar retroalimentación y corrección para ayudar al estudiante a mejorar su precisión rítmica.

La formación de maestros y maestras en el grado de educación primaria. Recursos didácticos para la enseñanza del ritmo y de la melodía

63

En resumen, el dictado rítmico es una herramienta valiosa para mejorar la habilidad de los músicos para leer y escribir ritmos, así como para comprender la estructura rítmica de una pieza musical.

Escribir y practicar **polirritmias** es un paso más en la interiorización de ritmos y la capacidad de simultanear ritmos con el objetivo de controlar el *tempo*, diversificar funciones cognitivas y trabajar la exactitud rítmica. La polirritmia es una técnica musical que implica la superposición de diferentes patrones rítmicos simultáneamente. En lugar de tener un patrón rítmico unificado que se repite a lo largo de una pieza musical, la polirritmia utiliza múltiples patrones rítmicos en diferentes partes de la música.

La polirritmia es común en la música africana y afrocubana, así como en el jazz y la música contemporánea. Por ejemplo, en la música africana, a menudo se utilizan patrones rítmicos complejos en los que las partes de la batería y las percusiones se tocan en diferentes ritmos simultáneamente.

La polirritmia puede ser un desafío para los músicos, ya que requiere una gran habilidad para coordinar diferentes patrones rítmicos al mismo tiempo. Sin embargo, también puede ser una técnica emocionante y creativa para crear música compleja y rica en texturas. En la polirritmia, los músicos pueden explorar diferentes combinaciones de patrones rítmicos para crear una música interesante y variada.

Además de su interpretación, el ser capaz de crear una polirritmia es un ejercicio de composición para el alumnado realmente importante. Comenzaremos escribiendo a dos voces, que deben ser contrastantes, por ejemplo, una línea para palmada y otra para silbido. Una vez elegido el compás y los compases que vamos a escribir procederemos a componer la primera voz. Cuando la primera voz esté completa escribiremos la segunda, asegurándonos de que las figuras de la primera voz no coinciden simultáneamente con las de la segunda. De esta manera es como se crea la sensación auditiva de los dos ritmos superpuestos. A continuación, puedes ver un ejercicio de polirritmia:

Ejercicio:

Compón 8 compases con dos voces superpuestas en el compás que quieras (2/4, 3/4, 4/4, 6/8, 9/8 o 12/8). Cada voz debe ir en una línea y el uno sobre el otro, ten en cuenta que las líneas divisorias irán desde una voz a la otra, de modo que el compás 1 de la línea 1 coincida arriba del compás 1 de la línea 2. Indica cada línea para qué instrumento es, pueden ser: palmas, patadas, golpes en las piernas, chasquidos, golpe al pecho... Recuerda que el último compás suele ser de reposo, coloca un valor largo. Y que puedes usar las figuras que quieras y sus silencios, además de puntillos. Una buena idea es que al valor largo de una voz se le superponga un valor corto en la otra, para ganar en diversidad.

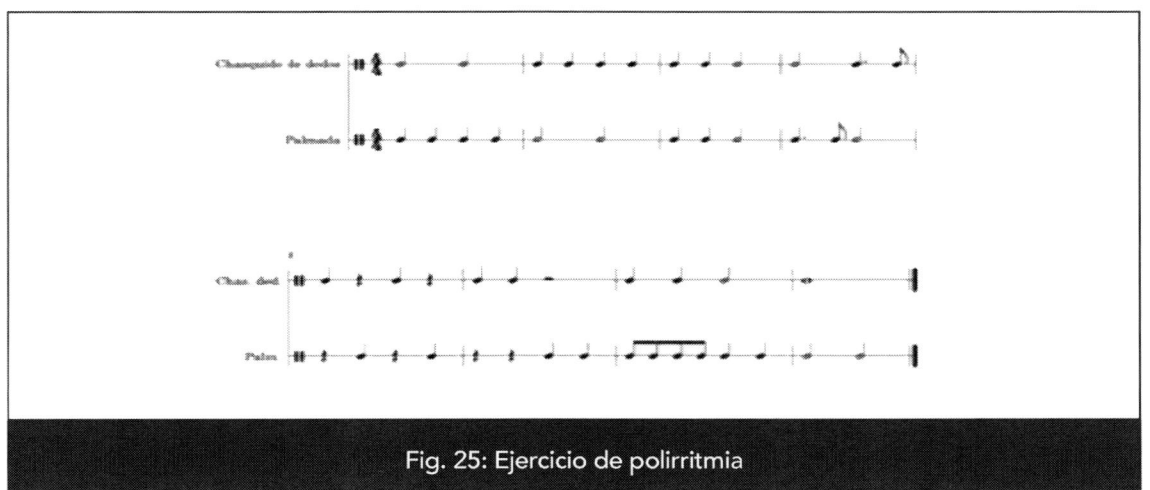

Fig. 25: Ejercicio de polirritmia

Los recursos educativos que nos brinda la **percusión corporal** son abundantes y sus beneficios múltiples. Desde la propia creación de coreografías de percusión corporal en pequeños grupos en clase, hasta la interpretación de patrones ya creados, o la interpretación por parte de otro alumnado de las creaciones de nuestro alumnado. La percusión corporal es una técnica musical que utiliza el cuerpo humano como un instrumento de percusión. En lugar de tocar instrumentos de percusión convencionales, como tambores o platillos, los músicos utilizan su propio cuerpo para producir sonidos rítmicos.

La percusión corporal implica golpear diferentes partes del cuerpo, como las manos, los pies, el pecho, las piernas y la boca, para crear patrones rítmicos complejos. Los músicos pueden utilizar técnicas como el aplauso, el golpeteo con los dedos, el pisoteo y la vocalización para crear sonidos rítmicos.

La percusión corporal es común en géneros musicales como el hip–hop, el rap, el *beatboxing*, la música *a capella* y la música folklórica. Es una técnica

LA FORMACIÓN DE MAESTROS Y MAESTRAS EN EL GRADO DE EDUCACIÓN PRIMARIA.
RECURSOS DIDÁCTICOS PARA LA ENSEÑANZA DEL RITMO Y DE LA MELODÍA

65

versátil y accesible, ya que no requiere la posesión de instrumentos musicales o equipo costoso.

Además, la percusión corporal puede ser una herramienta valiosa para la enseñanza de la música y la educación musical. Puede ayudar a los estudiantes a comprender los fundamentos rítmicos de la música y a desarrollar habilidades como la coordinación, la memoria muscular y la creatividad musical.

La percusión corporal va muy ligada también a la improvisación y a la creación. Métodos como el desarrollado por el docente Santi Serratosa basan el aprendizaje musical en este tipo de actividades. A través del Método SSM, sobre recursos sonoros y musicales, busca fomentar procesos sensoriales, cognitivos, emocionales y vinculantes que promuevan la creatividad y enlacen los intereses de las personas con sus capacidades físicas e intelectuales. Algunas de sus premisas son que la música desempeña un papel indudable en nuestras vidas al ser un arte y una ciencia al mismo tiempo. Su naturaleza no verbal la convierte en un medio de comunicación universal que estimula una variedad de respuestas fisiológicas y psicológicas, evoca emociones y facilita la expresión creativa. La creatividad, sin embargo, no es un atributo exclusivo de los artistas, sino que es una necesidad humana fundamental.

Como la emoción desempeña un papel cada vez más importante en la educación, los procesos emocionales se revelan necesarios para el aprendizaje, por lo que una buena metodología puede mejorar la regulación emocional en los estudiantes y aumentar su capacidad de aprendizaje, autoestima y autorrealización. El Método SSM se acerca a las corrientes pedagógicas que valoran la improvisación, la creatividad y el lenguaje rítmico expresado con nuestro cuerpo. Este método se basa en el juego, la expresión y la creatividad como pilares fundamentales de un enfoque psicosocial valioso para la salud. La metodología se enfoca en la señalización y la secuenciación, lo que garantiza sesiones prácticas rigurosamente sistematizadas que se ajustan a los objetivos musicales y extra musicales. Además, la música es el lenguaje central que se utiliza para expresarnos, crear y sentir a lo largo del proceso de aprendizaje o la experiencia lúdica.

Además de todos estos recursos para el aula, no podemos olvidarnos de la **realidad digital** en el la que vivimos. Así pues, existen una gran variedad aplicaciones móviles disponibles para aprender ritmo, como por ejemplo

Rhythm Trainer, Groove Scribe, entre otras. Estas aplicaciones ofrecen diferentes ejercicios para mejorar la habilidad rítmica.

También los tutoriales en línea nos acercan a los conocimientos y la práctica rítmica, en buscadores como YouTube, puedes encontrar tutoriales gratuitos que te enseñan cómo desarrollar tu habilidad rítmica. Estos videos pueden ser de gran ayuda para aprender los conceptos básicos del ritmo.

Las lecciones en línea son otra de las opciones para reforzar estos contenidos, diferentes plataformas de aprendizaje en línea ofrecen lecciones de música, incluyendo sesiones sobre ritmo. Algunas de estas plataformas son *Udemy, Coursera* y *Skillshare.*

Practicar con un metrónomo es otra de las opciones. Un metrónomo es una herramienta que te ayuda a mantener un ritmo constante. Puedes descargar una aplicación de metrónomo en tu móvil o utilizar un metrónomo físico para practicar. Un metrónomo es un dispositivo mecánico o electrónico utilizado en música para marcar el *tempo* o la velocidad de una pieza musical. Generalmente, el metrónomo emite un sonido o un golpe regular a intervalos de tiempo constantes, lo que permite que el músico mantenga el ritmo y la velocidad adecuados. El *tempo* se mide en *beats* por minuto (BPM), lo que indica la cantidad de pulsaciones que se deben realizar en un minuto. El uso del metrónomo es muy común en la práctica musical, especialmente en la enseñanza y el estudio de la técnica y la precisión rítmica. Además de su uso en la música, el metrónomo también se utiliza en otras áreas, como la educación física y la meditación, para regular el ritmo y la frecuencia de las actividades.

La práctica con música es un recurso sencillo, económico y que podemos realizar en cualquier momento. Tan fácil como escuchar música y tratar de identificar el ritmo y la estructura. Un paso más sería intentar tocar junto con la música o cantar el ritmo para desarrollar tu habilidad rítmica.

IV. FUNDAMENTOS TEÓRICOS DEL RITMO Y RECURSOS PARA SU ENSEÑANZA

La formación de maestros y maestras en el grado de educación primaria. Recursos didácticos para la enseñanza del ritmo y de la melodía

67

V. FUNDAMENTOS TEÓRICOS DE LA MELODÍA. RECURSOS PARA SU ENSEÑANZA

LA FORMACIÓN DE MAESTROS Y MAESTRAS EN EL GRADO DE EDUCACIÓN PRIMARIA.
RECURSOS DIDÁCTICOS PARA LA ENSEÑANZA DEL RITMO Y DE LA MELODÍA

69

V. FUNDAMENTOS TEÓRICOS DE LA MELODÍA.
RECURSOS PARA SU ENSEÑANZA

Compact Casette, sistema de reproducción y grabación, utilizado desde 1965

70

GUILLEM ESCORIHUELA CARBONELL Y ANA MARÍA BOTELLA NICOLÁS

FUNDAMENTOS TEÓRICOS DE LA MELODÍA. RECURSOS PARA SU ENSEÑANZA

Para muchos oyentes, la melodía es el ingrediente más importante de una obra musical (Bennett, 1998), lo que mejor recuerdan. Básicamente es una sucesión de sonidos de diferentes alturas organizados de tal manera que tengan un sentido musical para el oyente. Opina Lacárcel (2003, p. 223) que:

> Otro aspecto interesante de la audición es que, al percibir la música como una sucesión de sonidos ordenados que fluye en el devenir del tiempo, éstos se repiten y de dicha repetición nacen el ritmo, la melodía y la forma musical. Al desarrollar la conducta musical de escucha, disciplinamos la mente y las emociones, forjamos hábitos de atención y respeto, al tiempo que agudizamos nuestra capacidad de concentración.

En música, la melodía se refiere a la sucesión ordenada de sonidos que se perciben como una entidad musical distintiva. Es la parte de una composición musical que es fácilmente reconocible y recordada, y es generalmente la línea principal que lleva la melodía principal del tema. La melodía se caracteriza por su contorno, ritmo, tono y secuencia de intervalos, y es lo que hace que una pieza musical sea reconocible y tenga su propia identidad.

La melodía no sólo es una sucesión de sonidos, también los silencios ayudan a expresar esta idea estética. Estos sonidos son escogidos de un material base, organizado en orden ascendente o descendente, que constituye lo que hemos denominado **escala.**

La melodía puede ser interpretada o cantada por un instrumento solista o por la voz humana, y es a menudo el elemento más destacado y memorable de una canción. En la música occidental, la melodía suele seguir una estructura tonal y estar basada, como decíamos, en una escala musical específica. Sin embargo, en diferentes culturas y géneros musicales, la melodía puede variar en cuanto a su complejidad, ornamentación y estructura.

Es importante destacar que la melodía no es lo mismo que el ritmo o la armonía. Mientras que la melodía se enfoca en la secuencia de tonos y su relación en la línea melódica principal, el ritmo se refiere al patrón de duraciones y acentos en la música, y la armonía se ocupa de la combinación de acordes que acompaña a la melodía.

La formación de maestros y maestras en el grado de educación primaria. Recursos didácticos para la enseñanza del ritmo y de la melodía

71

La presentación de estos sonidos desde un punto de vista didáctico debe realizarse de forma secuenciada según niveles de dificultad, ateniéndose a los siguientes criterios:

1. Que las notas se encuentran en la tesitura normal de la voz infantil, según edad.
2. Que respetan la idiosincrasia propia, cultura y cantos tradicionales, ya que el grado de aculturación del niño, sus costumbres en el ambiente familiar y social tienen gran importancia a la hora de conseguir los objetivos de entonación.
3. Que preparan al aprendizaje del orden de los sonidos, en cuanto a nombres y en cuanto a sonoridades.

En la audición la melodía es el elemento que primero se percibe, pues es el más pegadizo. De esta opinión es Langeveld (2002) cuando dice que "una melodía sigue siendo reconocible cuando la cantamos más aguda o más grave de lo que está escrita, cuando cambiamos su *tempo* o pulimos su ritmo (por ejemplo, en una versión de jazz de una melodía clásica)" (p. 77).

La melodía es muy importante en la metodología Willems. En ella reside la afectividad y se aloja en el diencéfalo (Lacárcel, 2003). Willems (1984, pp. 69–71) asegura que:

> La verdadera melodía parte de una emoción, de un sentimiento, no de un acto físico. […] La melodía como sucesión de sonidos tiene la preeminencia: siempre ha sido y seguirá siendo el elemento más característico de la música. […] La melodía puede tener diversas fuentes de inspiración exteriores; los ruidos de la naturaleza, los de las máquinas, los de los trabajos manuales, el grito de los animales, el canto de los pájaros, el balbuceo de los niños y el lenguaje. Pero la verdadera fuente de la melodía, la fuente psicológica, se encuentra en nuestras propias emociones y sentimientos.

Sin embargo, Copland (1988) le da preeminencia al ritmo sobre la melodía considerando ésta en un segundo lugar: "en el firmamento musical, la melodía le sigue inmediatamente en importancia al ritmo […] la idea de ritmo va unida en nuestra imaginación al movimiento físico, la idea de la melodía va asociada a la emoción intelectual" (p. 44). Si unimos las notas de una melodía con una línea continua, obtenemos visualmente el *contorno* o *perfil melódico* de la misma. A ese perfil es al que llamaremos "diseño melódico", que juega un papel importante como actividad didáctica para desarrollar mediante la audición. Existen varios tipos de diseños: de nota repetida, ascendente, descendente, simétrico y ondulado.

❖ Diseño melódico formado por una nota repetida

El resultado visual sería una línea recta horizontal. Este diseño puede presentar alguna modificación.

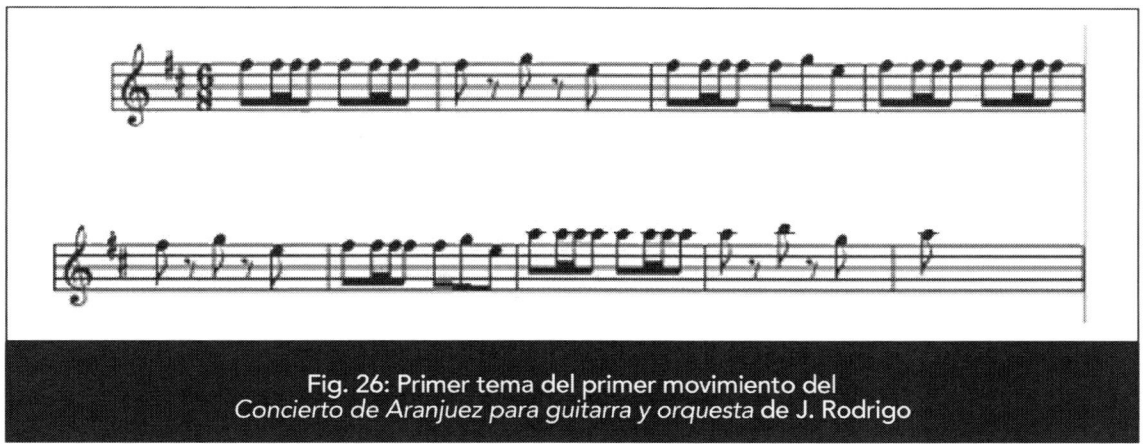

Fig. 26: Primer tema del primer movimiento del
Concierto de Aranjuez para guitarra y orquesta de J. Rodrigo

❖ Diseño melódico ondulado

El diseño ondulado está formado por una nota base sobre la que oscilan, de una forma más o menos regular, notas un poco más agudas y notas un poco más graves. Su perfil gráfico sería una línea curva.

Fig. 27: Primer tema del primer movimiento de
la Mañana de la Suite N° 1. de E. Grieg

❖ Diseño melódico ascendente

Se refieren a diseños basados en el sucesivo ascenso o descenso de las notas que conforman la melodía. Así, una melodía puede presentar un diseño

LA FORMACIÓN DE MAESTROS Y MAESTRAS EN EL GRADO DE EDUCACIÓN PRIMARIA.
RECURSOS DIDÁCTICOS PARA LA ENSEÑANZA DEL RITMO Y DE LA MELODÍA

73

ascendente cuando va desde la nota más grave hacia la más aguda, pudiendo ser representada con una línea ascendente hacia la derecha.

Fig. 28: Tema de la introducción de *Así hablaba Zaratustra* de Richard Strauss

❖ Diseño melódico descendente

Una melodía puede tener un diseño descendente cuando comienza con un sonido agudo y sucesivamente se va haciendo más grave, y cuya representación gráfica sería la contraria al diseño anterior.

Fig. 29: Habanera de la ópera *Carmen* de G. Bizet

❖ Diseño simétrico

Consiste en una mezcla de los dos últimos diseños expuestos, es decir, un diseño ascendente y otro descendente, en el que el punto más agudo se sitúa hacia el centro de la melodía.

Fig. 30: Tema principal del *El Moldava* de B. Smetana

V. FUNDAMENTOS TEÓRICOS DE LA MELODÍA. RECURSOS PARA SU ENSEÑANZA

Guillem Escorihuela Carbonell y Ana María Botella Nicolás

Otros ejemplos de audiciones que puedes utilizar en primaria para trabajar los contornos melódicos son:

a. Nota repetida: *Samba de una nota sola* (Tom Jobim) • *https://acortar.link/cue364* • del 0:20 al 0:42.

b. Ondulado: *Doraemon no Uta* (Shunsuke Kikuchi) • *https://acortar.link/5LnhWo*

c. Ascendente: *Así habló Zaratustra* (Richard Strauss) • *https://acortar.link/FAAOhf*

d. Descendente: *Canon en re mayor* (Johann Pachelbel) • *https://acortar.link/LAHqUL*

e. Simétrico: *Interstellar* (Hans Zimmer) • *https://acortar.link/15ef5e*

Por otra parte, te conviene saber que los sistemas musicales son sistemas de organización y estructura que se utilizan en la música para crear melodías, armonías y ritmos. Estos sistemas varían en diferentes culturas y tradiciones musicales de todo el mundo. Aquí hay algunos ejemplos de sistemas musicales:

1. **Sistema tonal occidental**: Es el sistema musical predominante en la música occidental desde el período barroco hasta la actualidad. Se basa en la tonalidad, donde una pieza musical se organiza alrededor de una nota central llamada tónica y utiliza una serie de escalas y acordes relacionados.

2. **Escalas modales**: En lugar de basarse en una sola escala mayor o menor, los sistemas modales utilizan una serie de escalas con diferentes intervalos y características tonales. Algunos ejemplos conocidos son el modo dórico, frigio, lidio, mixolidio, entre otros.

3. **Sistemas pentatónicos**: Estos sistemas utilizan escalas de cinco notas en lugar de las tradicionales siete notas de la escala diatónica. Son comunes en muchas culturas de Asia y África, así como en algunas formas de música folclórica occidental.

4. **Música microtonal:** En lugar de dividir la octava en 12 semitonos iguales, como en la música occidental, los sistemas microtonales utilizan divisiones más pequeñas del tono. Esto permite una mayor variedad de intervalos y matices tonales.

75

LA FORMACIÓN DE MAESTROS Y MAESTRAS EN EL GRADO DE EDUCACIÓN PRIMARIA. RECURSOS DIDÁCTICOS PARA LA ENSEÑANZA DEL RITMO Y DE LA MELODÍA

5. **Música indígena**: Muchas culturas indígenas tienen sus propios sistemas musicales únicos. Por ejemplo, la música de la India se basa en el sistema melódico llamado raga, mientras que la música tradicional japonesa utiliza escalas pentatónicas y modos específicos.

Estos son solo algunos ejemplos de sistemas musicales, pero hay una amplia variedad de enfoques y estructuras utilizadas en diferentes tradiciones musicales en todo el mundo. Los sistemas musicales reflejan la diversidad cultural y la creatividad humana en el ámbito de la música. Los sistemas musicales establecen sus principios organizativos de la música, los elementos utilizables y no utilizables de entre todas las posibilidades sonoras que las leyes de la acústica ofrecen al ser humano. El universo sonoro se ve tan sólo limitado por los umbrales de apreciación del oído humano. Así, por ejemplo, en cuanto a frecuencias o alturas los umbrales se fijan entre 20 y 20.000 hercios, aproximadamente.

Los hercios (Hz) son una unidad de medida utilizada para expresar la frecuencia de un evento periódico, como las ondas sonoras, las vibraciones o los ciclos por segundo. En el contexto de la música, los hercios se utilizan para medir la frecuencia de las notas musicales y otros elementos sonoros.

En términos simples, un hercio representa la cantidad de ciclos completos que ocurren en un segundo. Por ejemplo, si una onda sonora tiene una frecuencia de 440 Hz, significa que se están produciendo 440 ciclos completos de esa onda en un segundo.

En la música, la frecuencia de una nota determina su altura o tono. Las notas musicales están estandarizadas en el sistema de afinación occidental, donde se utiliza una escala cromática de 12 notas por octava. La nota de referencia en este sistema es **la** central, que se establece generalmente en 440 Hz (A4 = 440 Hz). A partir de esa referencia, las demás notas se escalan en intervalos proporcionales de frecuencia.

Es importante destacar que los hercios no solo se aplican a las notas musicales, sino también a otros aspectos del sonido, como la frecuencia de muestreo en grabaciones digitales, la frecuencia de actualización de pantallas o monitores, entre otros.

GUILLEM ESCORIHUELA CARBONELL Y ANA MARÍA BOTELLA NICOLÁS

Los sistemas musicales dividen la banda de frecuencias audibles en porciones llamadas **octavas**, que abarcan los sonidos comprendidos entre una determinada frecuencia y su doble. Así, por ejemplo, entre el la 440 y el la 880, el sistema propone un número determinado de frecuencias o notas utilizables para la expresión musical. El modelo se aplica a todas las octavas del espectro audible.

La cultura occidental, desde la adopción del **temperamento**, divide la octava en 12 partes iguales, llamadas semitonos; la cultura árabe mantiene sistemas de tercios de tono; la cultura india tiene cuartos de tono, etc. Estos sonidos, ordenados ascendente o descendentemente por frecuencias constituyen diferentes modelos de escalas.

Pero ¿qué es esto del temperamento? El temperamento igual es un sistema de afinación utilizado en la música occidental, donde se divide la octava en 12 intervalos iguales de semitonos. En este sistema, cada semitono tiene la misma proporción de frecuencia en relación con el semitono adyacente. El temperamento igual se desarrolló para resolver el problema de la afinación en la música occidental, donde las diferentes tonalidades y modulaciones pueden generar conflictos de afinación. Anteriormente, se utilizaban afinaciones basadas en intervalos puros, como el temperamento justo, que buscaban mantener relaciones de frecuencia exactas entre las notas. Sin embargo, estas afinaciones generaban desafinaciones en ciertas tonalidades y acordes.

Con el temperamento igual, cada semitono se divide en 100 centavos, que es la unidad de medida utilizada para expresar las diferencias de afinación en intervalos. Cada intervalo de semitono tiene una relación de frecuencia de aproximadamente 1.05946 (la raíz duodécima de 2), lo que significa que se multiplica por ese factor para obtener la frecuencia de la nota siguiente.

Este sistema de afinación permite una flexibilidad y versatilidad en la música occidental, ya que se puede tocar en cualquier tonalidad o modular a diferentes tonalidades sin grandes conflictos de afinación. Sin embargo, el temperamento igual no es perfecto y presenta algunas desafinaciones en ciertos intervalos, especialmente en intervalos más amplios como los acordes de cuarta justa y quinta justa. A pesar de ello, el temperamento igual se ha convertido en el estándar en la música occidental debido a su practicidad y adaptabilidad a diferentes estilos y géneros musicales.

La formación de maestros y maestras en el grado de educación primaria. Recursos didácticos para la enseñanza del ritmo y de la melodía

77

La base de nuestro sistema musical es la escala diatónica, tomando como ejemplo la de do mayor:

Fig. 31: Escala diatónica

La ontogénesis de la melodía para presentar la entonación en base a un orden o secuenciación adecuados a nuestra cultura y cancionero infantil y popular es:

◈ **Sol–mi:** intervalo de tercera menor, es el primer intervalo que somos capaces de entonar, entre los 4 y los 8 meses de vida, según apuntan Akoschky *et al.* (2008).

◈ **La–sol–mi:** el la como floreo superior del sol y después como cuarta en mi–la.

◈ **La–sol–fa–mi:** el fa aparece como cadencia final en muchas canciones.

◈ **Sol–mi–do/do–mi–sol:** como una preparación tonal hacia el acorde de do.

◈ **Do–re–mi–fa–sol–la:** donde re y fa aparecen como notas de paso entre do–mi y mi–sol.

◈ **Sol–la–si–do':** como tetracordo superior de la escala de do.

◈ **Do–re–mi–fa–sol–la–si–do':** escala de do mayor completa.

1. Concepto de intervalo, tono y semitono

En música, un intervalo se refiere a la distancia entre dos notas musicales. Es la medida de altura que existe entre una nota y otra, y se expresa en términos de la relación de frecuencias entre las dos notas. Los intervalos se nombran de acuerdo con el número de nombres de notas que los separan y la calidad del intervalo, que indica si es mayor, menor, justo, aumentado o disminuido. Algunos ejemplos comunes de intervalos incluyen:

1. Intervalo de segunda: Es la distancia de dos nombres de notas consecutivas, como **do–re** o **mi–fa.**
2. Intervalo de tercera: Es la distancia de tres nombres de notas consecutivas, como **do–mi** o **fa–la.**
3. Intervalo de cuarta: Es la distancia de cuatro nombres de notas consecutivas, como **do–fa** o **sol–do.**
4. Intervalo de quinta: Es la distancia de cinco nombres de notas consecutivas, como **do–sol** o **mi–si.**
5. Intervalo de sexta: Es la distancia de seis nombres de notas consecutivas, como **do–la** o **mi–do.**
6. Intervalo de séptima: Es la distancia de siete nombres de notas consecutivas, como **do–si** o **fa–mi.**

Además de los intervalos mencionados, también existen intervalos mayores, menores, justos, aumentados y disminuidos. Estas calidades se utilizan para describir la diferencia en la altura entre las notas. Por ejemplo, una tercera mayor es más grande que una tercera menor, mientras que una cuarta justa es más grande que una cuarta disminuida.

Los intervalos desempeñan un papel fundamental en la armonía y la melodía de la música. Se utilizan para construir acordes, identificar progresiones armónicas, crear armonías vocales y melódicas, y transmitir diferentes emociones y colores musicales.

Los tonos y semitonos son las unidades de medida utilizadas para indicar la distancia entre dos notas musicales consecutivas. Estas distancias determinan la relación de altura entre las notas y son fundamentales para construir escalas, acordes y establecer las relaciones melódicas y armónicas en la música.

Un tono, también conocido como tono entero o paso completo, representa la distancia de dos semitonos consecutivos. En el sistema de afinación occidental, un tono se divide en dos semitonos.

Un semitono, también llamado medio tono o semitono cromático, representa la distancia más pequeña entre dos notas consecutivas en el sistema de afinación occidental. En este sistema, la octava se divide en 12 semitonos iguales.

La secuencia de tonos y semitonos forma la base de las escalas musicales y sus diferentes modos. Por ejemplo, en la escala mayor diatónica, se tiene la

LA FORMACIÓN DE MAESTROS Y MAESTRAS EN EL GRADO DE EDUCACIÓN PRIMARIA. RECURSOS DIDÁCTICOS PARA LA ENSEÑANZA DEL RITMO Y DE LA MELODÍA

79

siguiente secuencia de tonos y semitonos: tono–tono–semitono–tono–tono–tono–semitono. Esta secuencia determina los pasos entre las notas de la escala y crea su característica estructura de sonido. Es importante destacar que existen diferentes sistemas de afinación en la música, como el temperamento igual, que utiliza intervalos iguales de semitonos en todas las tonalidades. Sin embargo, los tonos y semitonos siguen siendo la unidad básica para medir las distancias entre las notas, independientemente del sistema de afinación utilizado.

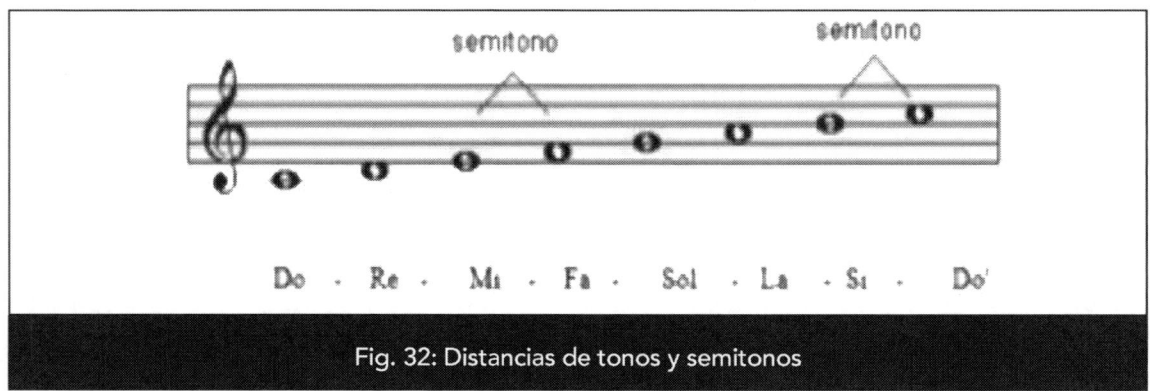

Fig. 32: Distancias de tonos y semitonos

2. Las escalas: tonalidad y modalidad

Las escalas son elementos fundamentales en la teoría musical y desempeñan un papel crucial en la composición, interpretación y comprensión de la música. Constituyen la base melódica y armónica sobre la cual se construyen piezas musicales de diversos géneros y estilos. Dentro del vasto mundo de las escalas, dos conceptos centrales que se exploran y se utilizan ampliamente son la tonalidad y la modalidad.

La tonalidad se refiere al sistema de organización de notas y acordes alrededor de una nota central, conocida como la tónica. Es el pilar de la música occidental desde hace varios siglos y ha dado lugar a numerosas obras maestras. La tonalidad proporciona una estructura armónica y melódica coherente que guía la composición y permite establecer relaciones entre diferentes notas y acordes. A través de las escalas diatónicas, como la escala mayor y la escala menor, se crean distintas tonalidades que transmiten diferentes emociones y colores musicales.

Por otro lado, la modalidad se refiere a un sistema de organización melódica

GUILLEM ESCORIHUELA CARBONELL Y ANA MARÍA BOTELLA NICOLÁS

y armónica que se basa en escalas modales. Las escalas modales, como el modo dórico, frigio, lidio, mixolidio, entre otros, presentan características tonales únicas y diferentes a las escalas diatónicas de la tonalidad mayor y menor. Cada modo modal tiene su propia estructura de tonos y semitonos que genera un color y una atmósfera particular. La modalidad ha sido ampliamente utilizada en diversos géneros musicales, desde la música clásica y el jazz hasta el rock y la música folclórica.

En este apartado, exploraremos en profundidad las escalas, centrándonos en los conceptos de tonalidad y modalidad. Analizaremos cómo se construyen las escalas tonales y modales, su relación con los acordes y su uso en la composición y la improvisación. También examinaremos cómo las diferentes tonalidades y modos afectan la expresión emocional y estilística de la música.

A lo largo de este recorrido, descubriremos la importancia de las escalas en la música, tanto en la creación de obras maestras clásicas como en la innovación de géneros contemporáneos. Al comprender la tonalidad y la modalidad, ampliaremos nuestra apreciación y conocimiento de la música, permitiéndonos sumergirnos en la riqueza y la diversidad de sus escalas y sus posibilidades creativas.

Tonalidad: Sentimiento natural de jerarquía de las notas de una escala. Las notas en las escalas tienen una jerarquía en base a la posición que ocupan. La más importante de todas es la primera nota de la escala que se llama Tónica. El resto de las notas se organizan en base a ella.

Los grados tonales son una forma de referirse a las notas o acordes en relación con la tónica de una tonalidad específica. Cada nota de una tonalidad tiene asignado un número o grado, que indica su posición dentro de esa tonalidad. Los grados tonales se numeran en números romanos del I al VII, correspondiendo cada grado a una nota de la escala. Por ejemplo, en la tonalidad de do mayor, el I grado es **do,** el II grado es **re**, el III grado es **mi,** y así sucesivamente hasta llegar al VII grado, que es **si.** Estos grados tonales son útiles para identificar las relaciones melódicas y armónicas dentro de una tonalidad mayor.

Los grados tonales son una herramienta fundamental en la teoría musical para entender y analizar la relación entre las notas y acordes dentro de una

La formación de maestros y maestras en el grado de educación primaria. Recursos didácticos para la enseñanza del ritmo y de la melodía

81

tonalidad específica. Permiten identificar patrones, progresiones y tensiones armónicas, y son utilizados tanto en la composición como en la improvisación musical. Al comprender los grados tonales, se puede tener una comprensión más profunda de la música tonal y su funcionamiento en diferentes contextos. Además, estos grados reciben un nombre determinante para la función tonal que hacen dentro de la escala y la relación entre ellos. Siguiendo el ejemplo de do mayor:

Tabla 3. Grados tonales en do mayor		
Nota	Grado	Nombre
do	I	Tónica
re	II	Supertónica
mi	III	Mediante
fa	IV	Subdominante
sol	V	Dominante
la	VI	Superdominante
si	VII	Sensible

El primer grado es el más importante (**tónica**) seguido del quinto (**dominante**), el cuarto (**subdominante**) y el séptimo (**sensible**).

Las notas en la escala ejercen una jerarquía, siendo la primera la más importante (tónica), y sobre la que giran el resto de las notas. El orden que ocupan en estas escalas los semitonos tiene una gran importancia, pues hace que la música suene con un carácter diferente según ese orden. Por ejemplo: en do mayor entre las notas mi–fa y si–do hay una distancia de semitono, mientras que entre el resto de las notas hay una distancia de tono; esta estructura de tonos y semitonos es lo que define el modo.

Modalidad: La colocación de las distancias de semitono en relación con la tónica o primer grado de las escalas es lo que define el modo que da personalidad y sonoridad diferente a la música.

Lejos de adentrarnos en la teoría musical de los modos, nos basaremos en los dos modos que la tonalidad nos proporciona. En este caso, el modo mayor y el modo menor. Los modos mayor y menor son dos escalas que generan diferentes emociones y colores musicales en la música occidental. Cada modo tiene su propia estructura de tonos y semitonos, lo que resulta en diferentes patrones melódicos y armónicos.

El modo mayor, también conocido como escala mayor, se caracteriza por su sonido brillante, alegre y enérgico. La estructura de tonos y semitonos en el modo mayor sigue el patrón de tono–tono–semitono–tono–tono–tono–semitono. Este patrón crea una sensación de estabilidad y resolución en la música, lo que a menudo se asocia con emociones positivas como la alegría, la felicidad y el optimismo. La música en modo mayor se utiliza en muchas composiciones populares y clásicas para transmitir una sensación de vitalidad y positivismo.

Por otro lado, el modo menor, también conocido como escala menor, tiene un carácter más melancólico, triste y reflexivo. La estructura de tonos y semitonos en el modo menor sigue el patrón de tono–semitono–tono–tono–semitono–tono–tono. Este patrón crea una sensación de tensión y misterio en la música, lo que a menudo se asocia con emociones más sombrías como la tristeza, la melancolía y la introspección. La música en modo menor se utiliza en diversos géneros musicales, como la música clásica, el blues y el rock, para expresar emociones más profundas y oscuras.

Cabe destacar que tanto el modo mayor como el modo menor pueden evocar una amplia gama de emociones, y su interpretación y contexto en una pieza musical influyen en la forma en que se perciben. Además, la armonía, el ritmo, la instrumentación y otros elementos musicales también contribuyen a la expresión emocional de la música.

La elección del modo mayor o menor en una composición depende del mensaje emocional y estético que el compositor desea transmitir. Ambos modos tienen un lugar importante en la música y permiten la creación de una amplia variedad de atmósferas y estados de ánimo.

En resumen, el modo mayor evoca emociones alegres y optimistas, mientras que el modo menor transmite emociones más melancólicas y reflexivas. Estos modos musicales son herramientas poderosas para transmitir diferentes estados de ánimo y expresiones emocionales en la música occidental. Su uso adecuado y consciente por parte de los compositores y músicos contribuye a la diversidad y la riqueza del lenguaje musical.

La formación de maestros y maestras en el grado de educación primaria. Recursos didácticos para la enseñanza del ritmo y de la melodía

83

Aquí tienes algunos ejemplos de piezas musicales que utilizan los modos mayor y menor para transmitir emociones distintas, no dudes en buscar esta música y otras, e intentar diferenciar auditivamente lo que sucede musical y emocionalmente:

Modo mayor:

1. *Oda a la Alegría* (Ludwig van Beethoven) – Esta famosa melodía del último movimiento de la *Novena Sinfonía* de Beethoven está escrita en modo mayor y evoca una sensación de alegría y exaltación.

2. *Here Comes the Sun* (The Beatles) – Esta canción compuesta por George Harrison en modo mayor transmite una sensación de optimismo y felicidad a través de su melodía y letra.

3. *Spring* de las *Cuatro Estaciones* (Antonio Vivaldi) – El primer movimiento de la obra de Vivaldi, dedicado a la primavera, utiliza el modo mayor para representar la alegría y la vitalidad de la estación.

Modo menor:

1. *Adagio en sol menor* (Tomaso Albinoni) – Esta hermosa composición para cuerdas en modo menor es conocida por su melancolía y su capacidad para evocar emociones profundas.

2. *Eleanor Rigby* (The Beatles) – Esta canción, escrita principalmente en modo menor, tiene un carácter introspectivo y triste que refleja la soledad y la desesperanza.

3. *Réquiem* (Wolfgang Amadeus Mozart) – El réquiem de Mozart, especialmente el famoso *Lacrimosa*, utiliza el modo menor para transmitir un sentimiento de tristeza y lamento en el contexto de una misa fúnebre.

Estos son solo algunos ejemplos, pero hay innumerables piezas musicales que utilizan los modos mayor y menor para expresar emociones diversas. Cada composición utiliza estos modos de manera única, combinándolos con otros elementos musicales para crear una experiencia emocional única para el oyente.

Antes de abordar la construcción de escalas mayores y menores debemos revisar algunos conceptos importantes que nos ayudarán a entender y movernos por el sistema musical y comprender el funcionamiento de tonos y semitonos.

En primer lugar, las **alteraciones** que son signos que se colocan para modificar la altura de los sonidos y nos servirán para desplazar las notas un semitono ascendente o descendentemente. Estos cambios pueden implicar aumentar o disminuir la nota en un semitono o cambiar su afinación. Las alteraciones más comunes son el sostenido (#), el bemol (b) y el becuadro (#). Aquí te explicamos brevemente cada una de ellas:

1. **Sostenido** (#): El sostenido eleva la altura de una nota en medio tono (un semitono). Cuando se coloca un sostenido antes de una nota, se indica que se debe tocar o cantar esa nota un semitono más alta. Por ejemplo, un sostenido antes de un fa (F) lo convierte en un fa sostenido (F#), que es un semitono más alto.

2. **Bemol** (b): El bemol disminuye la altura de una nota en medio tono (un semitono). Cuando se coloca un bemol antes de una nota, se indica que se debe tocar o cantar esa nota un semitono más baja. Por ejemplo, un bemol antes de un si (B) lo convierte en un si bemol (Bb), que es un semitono más bajo.

3. **Becuadro** (#): El becuadro anula cualquier alteración previa y restablece la nota a su estado natural. Se utiliza para indicar que una nota previamente alterada por un sostenido o bemol debe tocarse o cantarse sin alteración. Por ejemplo, si una nota es previamente alterada por un sostenido o bemol y se desea volver a su estado natural, se coloca un becuadro delante de la nota.

Estas alteraciones pueden aparecer en la partitura en forma de símbolos antes de las notas o como cambios accidentales dentro de una medida específica. También es posible encontrar doble sostenido (x) y doble bemol (bb), que aumentan o disminuyen la altura de una nota en dos semitonos (un tono).

Las alteraciones musicales son esenciales para indicar cambios en la afinación y para expresar matices armónicos y melódicos en una composición. Son utilizadas en diferentes géneros musicales y permiten la interpretación precisa de las notas musicales.

Las alteraciones accidentales afectan a la nota que la lleva y a las del mismo nombre dentro del mismo compás, que aparezcan a posteriori.

Fig. 33: Alteraciones accidentales

LA FORMACIÓN DE MAESTROS Y MAESTRAS EN EL GRADO DE EDUCACIÓN PRIMARIA. RECURSOS DIDÁCTICOS PARA LA ENSEÑANZA DEL RITMO Y DE LA MELODÍA

85

Si las alteraciones son estructurales para la tonalidad hablamos de **armadura.** Esta es un conjunto de alteraciones que se colocan al inicio de una partitura para indicar las notas que deben ser tocadas o cantadas con una alteración específica durante toda la pieza. La armadura de clave, también conocida como firma de clave, es un símbolo que aparece justo después del símbolo de clave al principio del pentagrama.

La armadura está compuesta por sostenidos (#) o bemoles (b) y se ubica en una posición específica en el pentagrama para indicar qué notas deben ser alteradas. Su objetivo es ahorrar espacio y evitar la repetición de las alteraciones a lo largo de la partitura.

La cantidad y la posición de las alteraciones en la armadura dependen de la tonalidad en la que se encuentra la pieza musical. Cada tonalidad tiene su propia armadura específica que indica qué notas deben ser alteradas y en qué grado. Por ejemplo, si una pieza está escrita en la tonalidad de fa mayor, la armadura incluirá un bemol (SI b) al principio del pentagrama, lo que indica que todas las notas **SI** deben ser tocadas como SI bemol (Bb) a menos que se indique lo contrario.

Es importante tener en cuenta la armadura al interpretar una partitura, ya que las alteraciones indicadas afectan todas las apariciones de la nota correspondiente en la pieza. La armadura facilita la lectura de la música y ayuda a los músicos a identificar rápidamente las notas alteradas sin la necesidad de colocar accidentales (alteraciones individuales) en cada aparición de la nota a lo largo de la partitura.

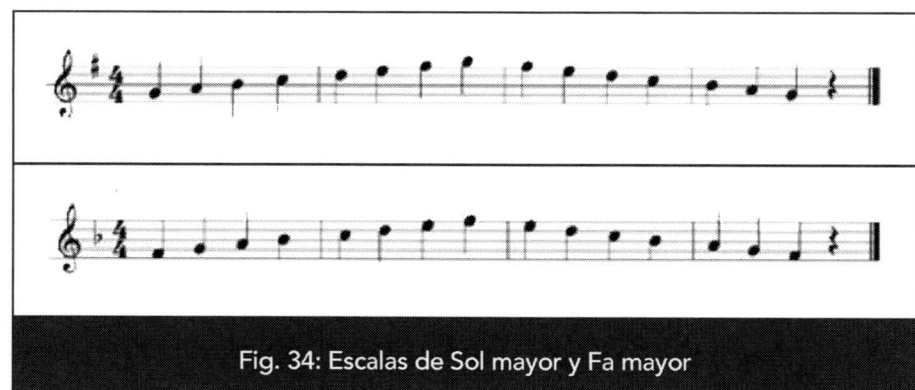

Sol mayor

Fa mayor

Fig. 34: Escalas de Sol mayor y Fa mayor

GUILLEM ESCORIHUELA CARBONELL Y ANA MARÍA BOTELLA NICOLÁS

Otro concepto importante a la hora de comprender el sistema temperado de tonos y semitonos y su distribución en las escalas musicales es el de **enarmonía.** La enarmonía es un concepto en música que se refiere a la equivalencia de dos notas que suenan igual, pero se escriben de manera diferente. En otras palabras, se trata de notas o acordes que tienen diferentes nombres, pero producen el mismo sonido.

En el sistema de afinación occidental, existen notas enarmónicas que son representadas de forma distinta pero que tienen la misma altura tonal. Por ejemplo, las notas do sostenido (C#) y re bemol (Db) son enarmónicas, ya que ambas representan el mismo sonido, aunque se escriben de manera diferente.

Es esencial comprender la enarmonía al leer partituras, interpretar música y comunicarse con otros músicos. Reconocer las equivalencias enarmónicas ayuda a comprender las relaciones tonales y armónicas y facilita la interpretación precisa de las notas y los acordes en diferentes contextos musicales. En la siguiente escala puedes ver cómo al subir las notas tienen un nombre y al bajar tienen otro:

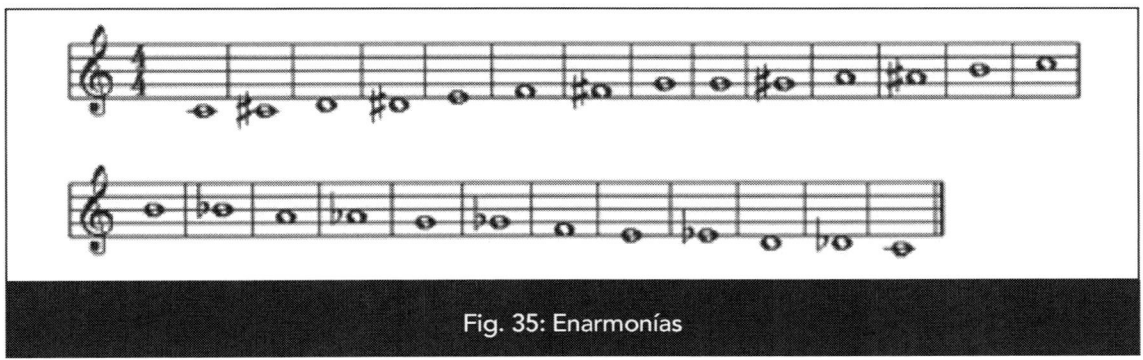

Fig. 35: Enarmonías

Pero quizás sea más visual esta figura que muestra los diferentes nombres de las notas cuando llegan al mismo "peldaño" de la escala. (Fig.36)

Una vez ya conocemos la distribución de tonos y semitonos, y el comportamiento de las escalas, así como la manera de movernos por ellas, estamos en disposición de poder construir escalas mayores y menores.

Las escalas mayores y menores son fundamentales en la música occidental y forman la base de muchas composiciones y melodías. Una escala es una

LA FORMACIÓN DE MAESTROS Y MAESTRAS EN EL GRADO DE EDUCACIÓN PRIMARIA. RECURSOS DIDÁCTICOS PARA LA ENSEÑANZA DEL RITMO Y DE LA MELODÍA

87

secuencia ordenada de notas que se repiten en diferentes octavas. Tanto la escala mayor como la escala menor están compuestas por siete notas diferentes.

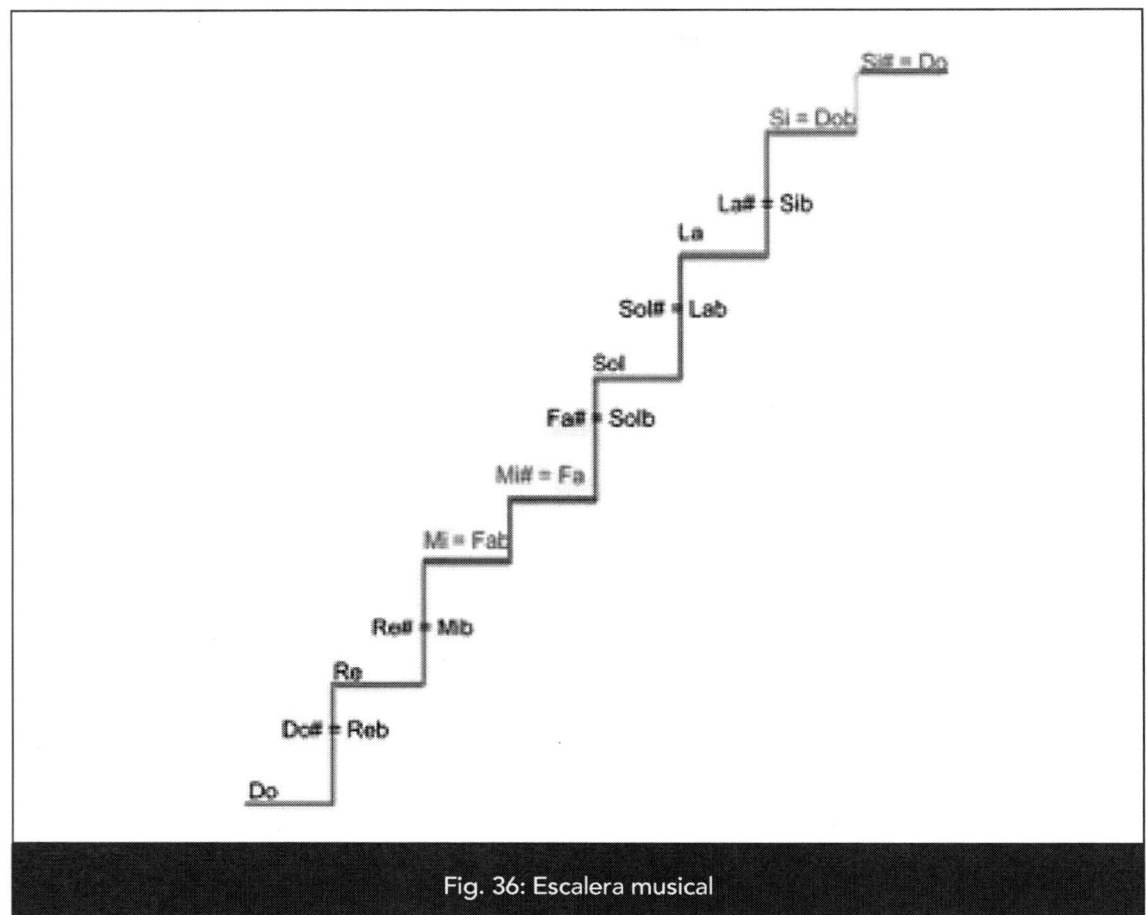

Fig. 36: Escalera musical

La escala mayor se construye siguiendo un patrón específico de tonos y semitonos. Este patrón se puede representar como una secuencia de intervalos entre las notas. La fórmula de intervalos para la escala mayor es la siguiente: tono, tono, semitono, tono, tono, tono, semitono.

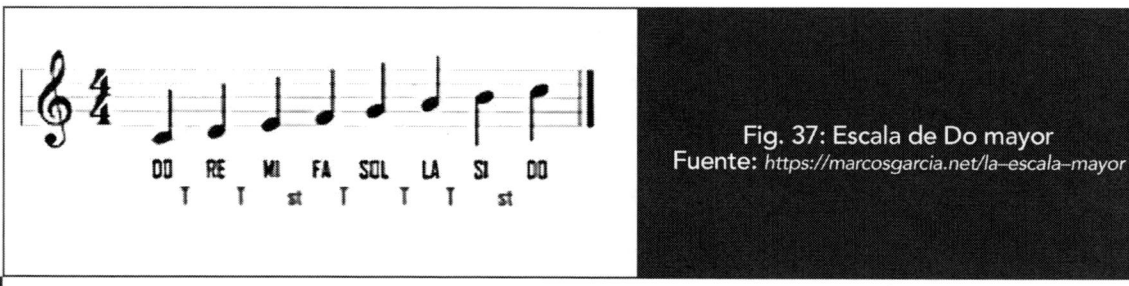

Fig. 37: Escala de Do mayor
Fuente: *https://marcosgarcia.net/la–escala–mayor*

GUILLEM ESCORIHUELA CARBONELL Y ANA MARÍA BOTELLA NICOLÁS

Su distribución peculiar de tonos y semitonos se caracteriza por tener una tercera mayor (2 tonos). La 1ª nota es la más importante (tónica), le sigue el 5° grado (dominante), el 4° (subdominante) y el séptimo (sensible).

Fig. 38: Escalas de Do mayor y de Sol Mayor.
Fuente: *https://marcosgarcia.net/la-escala-mayor*

Para construir una escala mayor, se puede comenzar en cualquier nota y seguir el patrón de intervalos. Por ejemplo, si comenzamos en la nota do, aplicando la fórmula de intervalos obtendríamos la siguiente secuencia de notas: do – re – mi – fa – sol – la – si – do. Esta sería la escala mayor de do mayor.

Si hacemos una comparación entre dos escalas mayores (por ejemplo, entre do mayor y sol mayor), nos damos cuenta de su semejanza. La única nota que no es igual es el **fa#** y la altura de los sonidos. Podemos observar que este cambio de altura no afecta a la melodía, porque la sucesión de intervalos dentro de esa melodía no ha sido alterada.

De manera similar, la escala menor también sigue un patrón de tonos y semitonos. Hay tres variantes principales de la escala menor: la escala menor natural, la escala menor armónica y la escala menor melódica.

La escala menor natural sigue el siguiente patrón de intervalos: tono, semitono, tono, tono, semitono, tono, tono. Si aplicamos este patrón a partir de la nota la, obtendríamos la escala menor natural de la: la – si – do – re – mi – fa – sol – la. La peculiar distribución de tonos y semitonos de la escala menor se caracteriza por tener una tercera menor (1'5 tonos).

La escala menor armónica tiene un patrón ligeramente diferente al de la escala menor natural. En este caso, los intervalos son: tono, semitono, tono, tono, semitono, tono y medio, semitono. Utilizando este patrón desde la nota la, obtendríamos la escala menor armónica de la: la – si – do – re – mi – fa – sol# – la.

La formación de maestros y maestras en el grado de educación primaria. Recursos didácticos para la enseñanza del ritmo y de la melodía

89

Fig. 39: Escala de La menor.
Fuente: *https://marcolara.net/teoria–musical/escalas–menores*

La escala menor melódica presenta una variación en los intervalos dependiendo si se está ascendiendo o descendiendo. Al subir, sigue el patrón de tono, semitono, tono, tono, semitono, tono y medio, semitono, pero al descender se utiliza el patrón de la escala menor natural. Por ejemplo, en la escala menor melódica de **LA**, al subir se utilizaría la secuencia: la – si – do – re – mi – fa# – sol# – la, mientras que al descender se utilizaría: la - sol - fa - mi - re - do - si - la

Estos son solo algunos ejemplos de las escalas mayores y menores. Se pueden construir en cualquier tonalidad, comenzando desde cualquier nota y siguiendo el patrón de intervalos correspondiente. Las escalas mayores y menores son esenciales en la teoría musical y proporcionan las bases para la armonía y la composición en la música occidental.

Cada escala mayor tiene su **escala relativa**, la correspondiente escala menor con la misma armadura: la submediante de la escala mayor es la tónica de la menor relativa (ejemplo: do mayor – la menor; fa mayor – re menor; sol mayor – mi menor; etc.), distanciándose un tono y un semitono entre ellas.

Otras escalas interesantes que los compositores han ido tomando de otras culturas e incorporándolas a sus obras para ganar en riqueza melódica son la pentatónica, escala de tonos enteros, escala cromática o escala disminuida.

La **escala pentatónica** es una escala musical que consta de cinco notas por octava, de ahí su nombre "penta" (cinco en griego). Es una escala ampliamente utilizada en muchos géneros musicales, como el blues, el rock, el pop y la música folclórica de diversas culturas.

La estructura de la escala pentatónica varía dependiendo de si se trata de una escala pentatónica mayor o una escala pentatónica menor. A continuación, te mostraré ambas versiones:

GUILLEM ESCORIHUELA CARBONELL Y ANA MARÍA BOTELLA NICOLÁS

Escala pentatónica mayor:

La fórmula de intervalos para la escala pentatónica mayor es la siguiente: tono y medio (3 semitonos), tono, tono, tono y medio, tono. Esta fórmula se puede aplicar a cualquier nota para construir una escala pentatónica mayor. Por ejemplo, si comenzamos en la nota do, la escala pentatónica mayor de do sería: do – re – mi – sol – la.

Escala pentatónica menor:

La fórmula de intervalos para la escala pentatónica menor es la siguiente: tono y medio, tono, tono, tono y medio, tono. Al igual que la escala pentatónica mayor, esta fórmula se puede aplicar a cualquier nota. Por ejemplo, si comenzamos en la nota la, la escala pentatónica menor de la sería: la – do – re – mi – sol.

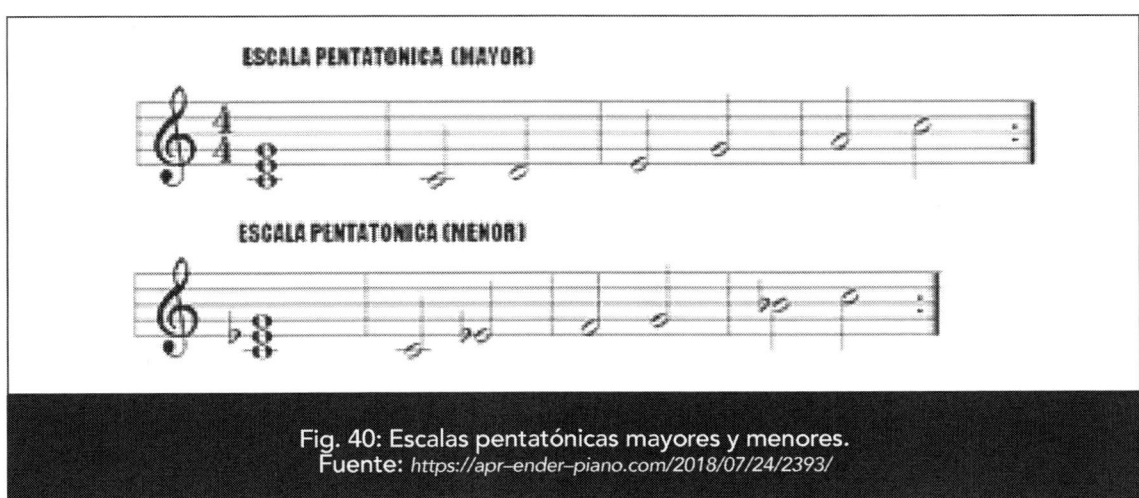

Fig. 40: Escalas pentatónicas mayores y menores.
Fuente: *https://apr–ender–piano.com/2018/07/24/2393/*

Una de las características distintivas de la escala pentatónica es su sonido abierto y versátil, que se presta a la improvisación y la creación de melodías fácilmente reconocibles. Debido a su simplicidad y ausencia de ciertas notas, la escala pentatónica es muy utilizada en solos de guitarra, *riff* de bajo y líneas vocales en una amplia variedad de géneros musicales.

Es importante destacar que existen diferentes variaciones y modos de la escala pentatónica, pero las versiones mayor y menor son las más comunes y ampliamente utilizadas.

LA FORMACIÓN DE MAESTROS Y MAESTRAS EN EL GRADO DE EDUCACIÓN PRIMARIA. RECURSOS DIDÁCTICOS PARA LA ENSEÑANZA DEL RITMO Y DE LA MELODÍA

91

La **escala de tonos enteros**, también conocida como escala de tonos completos o escala de tonos iguales, es una escala musical que está compuesta exclusivamente por intervalos de un tono completo. Esto significa que no hay semitonos en esta escala.

La escala de tonos enteros se construye siguiendo un patrón constante de tono en cada salto entre las notas. A diferencia de otras escalas que tienen semitonos que generan una sensación de tensión y resolución, la escala de tonos enteros tiene un sonido más "neutro" y carece de una dirección tonal clara.

Si comenzamos en una nota y aplicamos el patrón de intervalos de un tono completo, podemos construir la escala de tonos enteros. Por ejemplo, si empezamos en la nota do, la escala de tonos enteros de do sería: **do – re – mi – fa# – sol# – la# – do.**

Fig. 41: Escalas de tonos enteros

Una característica interesante de la escala de tonos enteros es que, debido a su estructura simétrica, hay solo dos posibles escalas de tonos enteros: una que comienza con tono y la otra que comienza con semitono. La escala de tonos enteros que comienza con tono se puede construir al seguir el patrón de intervalos: tono, tono, tono, tono, tono, tono, tono. Por ejemplo, si comenzamos en la nota do, la escala de tonos enteros que comienza con tono sería: **do – re – mi – fa# – sol# – la# – do.**

La escala de tonos enteros que comienza con semitono sigue el patrón de intervalos: semitono, tono, tono, tono, tono, tono, tono. Por ejemplo, si comenzamos en la nota do, la escala de tonos enteros que comienza con semitono sería: **do – re*b* – mi*b* – fa – sol – la – si – do.**

La escala de tonos enteros se utiliza en la música de vanguardia, el jazz, la música impresionista y en contextos experimentales debido a su sonido atonal y su capacidad para crear ambientes misteriosos y disonantes. Es una escala que desafía las convenciones tonales tradicionales y puede agregar un color único a la música.

La **escala cromática** es una sucesión de doce sonidos consecutivos en la música occidental, donde cada uno de ellos está separado por un semitono. Estos doce sonidos se denominan notas y abarcan todas las teclas blancas y negras en un piano.

La escala cromática incluye todas las notas naturales (do, re, mi, fa, sol, la, si) y también las notas alteradas (do#, re#, fa#, sol#, la#) que son las teclas negras en el piano. A medida que subimos o bajamos por la escala cromática, se utilizan los sostenidos (#) para elevar una nota medio tono y los bemoles (b) para bajar una nota medio tono.

La secuencia completa de la escala cromática en orden ascendente sería la siguiente:

Do – Do#/Reb– Re – Re#/Mib – Mi – Fa – Fa#/Solb – Sol – Sol#/Lab – La – La#/Sib – Si – Do

Cada uno de estos sonidos tiene una posición y función específica en relación con la tonalidad y armonía de una pieza musical. La escala cromática se utiliza tanto en la composición como en la improvisación musical para explorar una amplia gama de tonalidades y matices. Contiene todos los sonidos posibles a utilizar en una composición y en ella es basa el sistema dodecafónico y la música atonal.

La **escala disminuida** es una escala musical que se caracteriza por tener un intervalo de tono y medio (tres semitonos) entre cada una de sus notas. Esta escala se utiliza comúnmente en contextos de armonía y jazz debido a sus características únicas.

Esta escala se caracteriza por tener una estructura simétrica, lo que significa que se repite el mismo intervalo entre todas sus notas. Por ejemplo, si comenzamos en Do, la escala disminuida simétrica sería:

Do – Re – Mib – Fa – Solb – Lab – La – Si – Do

LA FORMACIÓN DE MAESTROS Y MAESTRAS EN EL GRADO DE EDUCACIÓN PRIMARIA. RECURSOS DIDÁCTICOS PARA LA ENSEÑANZA DEL RITMO Y DE LA MELODÍA

93

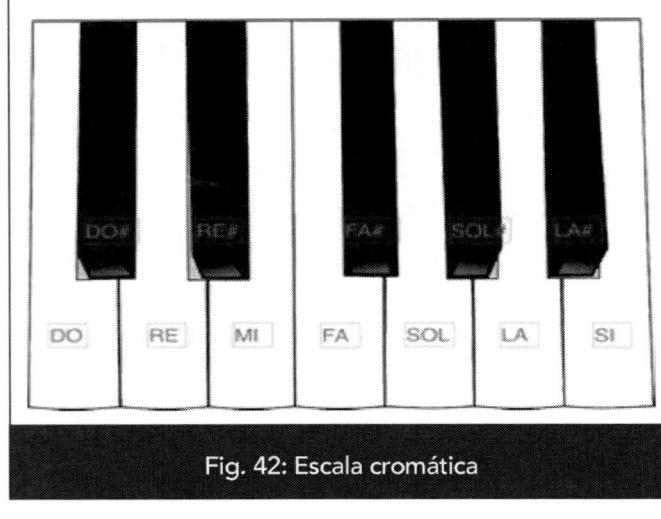

Fig. 42: Escala cromática

En esta escala, el intervalo entre cada nota es de un tono y semitono alternado. La escala disminuida se utiliza a menudo para crear tensión y disonancia en la música, y se puede aplicar en diversos contextos armónicos y melódicos, como acordes disminuidos, progresiones de acordes y solos de improvisación.

3. La forma musical

La melodía va intrínsicamente ligada a la armonía, ya que la elección de una escala u otra influirá en los acordes que van a sostener dicha melodía. La armonía, junto a la melodía y el ritmo, son claves para la construcción de la forma.

Se llama forma musical a la manera de organizar o estructurar una pieza musical, que resulta del orden elegido por el compositor para diseñar su propia música (Bennett, 1999). Para crear una forma musical los compositores utilizan dos recursos básicos: la **repetición** y el **contraste**. Partiendo de estos dos recursos básicos, las partes de una composición pueden estar relacionadas entre sí de varias maneras diferentes: a través de la repetición, la variación, la imitación, el desarrollo y el contraste. Estas relaciones constituyen la base de las formas musicales y en función de éstas, podemos hablar de diferentes tipos de formas musicales. La escucha y percepción auditiva de todos estos elementos servirán para una mayor comprensión de la obra musical de manera holística.

Asimismo, la forma musical se refiere a la estructura y organización de una composición musical. Es la manera en que las secciones, frases y motivos se organizan y se relacionan entre sí dentro de una pieza musical. La forma musical proporciona un marco para la composición y ayuda a dar coherencia y sentido a la música. Hay varias formas musicales comunes que se han utilizado a lo largo de la historia de la música occidental. Algunas de las formas más conocidas incluyen:

GUILLEM ESCORIHUELA CARBONELL Y ANA MARÍA BOTELLA NICOLÁS

1. **Forma binaria**: Consiste en dos secciones claramente diferenciadas, denominadas A y B. La sección A se repite y luego se presenta la sección B. La forma binaria se denota como AB.

2. **Forma ternaria**: También conocida como forma de tres partes, consta de tres secciones distintas, generalmente etiquetadas como A, B y A'. La sección B proporciona un contraste en relación con la sección A, y la sección A' es una repetición o variación de la sección A. La forma ternaria se denota como ABA.

3. **Forma de rondó**: Caracterizada por una sección principal recurrente (denominada "refrán" o "estribillo") que se intercala con secciones contrastantes (llamadas "episodios" o "*couplets*"). La forma de rondó se denota como ABACA o ABACADA, donde A representa el refrán y B, C, D son los episodios.

4. **Forma sonata**: Es una forma ampliamente utilizada en la música clásica. Se compone de una exposición, desarrollo y recapitulación. La exposición presenta los temas principales, el desarrollo los desarrolla y los transforma, y la recapitulación trae de vuelta los temas principales en su forma original. La forma sonata es más compleja y se utiliza principalmente en composiciones instrumentales.

Estas son solo algunas de las formas musicales más conocidas, y existen muchas otras variantes y combinaciones posibles. La elección de la forma musical depende del estilo, género y objetivos del compositor, y cada forma tiene sus propias características y convenciones. La forma musical juega un papel fundamental en la organización y estructura de la música, permitiendo una experiencia auditiva coherente y significativa para el oyente.

La melodía es fundamental a la hora de delimitar la forma en las piezas musicales. Así pues, encontramos diferentes estructuras de menor a mayor relevancia para delimitar la forma, como son: motivo, semifrase y frase.

Un **motivo** musical es una unidad musical breve y distintiva que se utiliza como elemento básico para desarrollar una composición musical. También se le conoce como célula motívica o simplemente como "motivo". Los motivos son fragmentos melódicos, rítmicos o armónicos que se repiten y se desarrollan a lo largo de una pieza musical, aportando coherencia y unidad a la composición.

LA FORMACIÓN DE MAESTROS Y MAESTRAS EN EL GRADO DE EDUCACIÓN PRIMARIA. RECURSOS DIDÁCTICOS PARA LA ENSEÑANZA DEL RITMO Y DE LA MELODÍA

95

Los motivos suelen ser reconocibles y memorables, y pueden consistir en solo unos pocos sonidos o notas musicales. Pueden ser simples o complejos, y se presentan en diversas formas y estilos musicales.

Algunas características de los motivos musicales son:

1. **Repetición:** Los motivos suelen repetirse varias veces a lo largo de una pieza musical. Esta repetición puede ser literal, donde el motivo se repite exactamente igual, o puede variar en alguna medida, lo que se conoce como variación del motivo.

2. **Desarrollo:** Los motivos pueden ser desarrollados mediante técnicas como la alteración de sus elementos melódicos, rítmicos o armónicos, o mediante su manipulación estructural. El desarrollo del motivo permite explorar diferentes posibilidades musicales y crear interés y tensión en la composición.

3. **Función estructural**: Los motivos también pueden cumplir funciones estructurales en una pieza musical. Pueden servir como elementos de transición entre secciones, como elementos de unificación en una obra más extensa o como elementos temáticos recurrentes que identifican una composición en particular.

Los motivos son una herramienta fundamental en la composición musical, ya que permiten crear coherencia y unidad en una pieza, así como desarrollar y explorar diferentes ideas musicales. Los compositores a menudo utilizan motivos como base para construir y desarrollar secciones más largas y complejas de una obra musical. Además, los motivos también pueden ser reconocidos y asociados con un compositor o una pieza en particular, lo que contribuye a su identidad musical.

Una **semifrase** musical es una unidad musical que forma parte de una frase musical más larga. Una frase musical se compone de dos o más semifrases que, combinadas, crean una idea musical completa.

La semifrase es una sección musical que contiene una breve declaración melódica o rítmica. A menudo, una semifrase tiene una duración relativamente corta y se caracteriza por tener una estructura melódica y rítmica coherente. Puede ser considerada como una especie de "mitad" de una frase musical completa.

En términos de estructura melódica, una semifrase puede contener elementos como motivos, secuencias o repeticiones temáticas. Estos elementos se utilizan para desarrollar y expresar una idea musical en el contexto de una frase más amplia. Las semifrases también pueden contener momentos de tensión o resolución, contrastes melódicos o rítmicos y variaciones dinámicas.

Es importante destacar que la interpretación y la duración exacta de una semifrase pueden variar dependiendo del estilo musical y del contexto en el que se encuentra. En diferentes géneros musicales y épocas, las semifrases pueden tener características específicas que reflejan el estilo y la intención del compositor.

Por otro lado, la **frase** musical es una unidad completa y coherente de música que forma parte de una sección más amplia de una composición. Es una expresión musical con inicio y final definidos que transmite una idea musical completa y cerrada.

La frase musical se compone de varios elementos, incluyendo una estructura melódica, rítmica y armónica. Estos elementos trabajan juntos para crear una idea musical con sentido y coherencia. La duración de una frase musical puede variar dependiendo del contexto y del estilo musical, y puede ser de corta o larga duración. Una frase musical generalmente consta de cuatro componentes principales:

1. **Antecedente:** El antecedente es la primera parte de la frase musical y presenta una idea musical inicial. Tiene una sensación de apertura y establece un tema o motivo musical.

2. **Consecuente:** El consecuente es la segunda parte de la frase musical y responde o completa la idea presentada en el antecedente. Suele tener una sensación de resolución y cierre.

3. **Cadencia:** La cadencia es una progresión de acordes o una secuencia final que marca el final de la frase musical. Puede haber diferentes tipos de cadencias, como cadencias auténticas, plagales o de media cadencia.

4. **Pausa o descanso:** Después de la cadencia, puede haber una breve pausa o descanso, antes de que comience la siguiente frase o sección musical.

LA FORMACIÓN DE MAESTROS Y MAESTRAS EN EL GRADO DE EDUCACIÓN PRIMARIA. RECURSOS DIDÁCTICOS PARA LA ENSEÑANZA DEL RITMO Y DE LA MELODÍA

97

Las frases musicales se utilizan para estructurar y organizar una composición musical. Pueden repetirse, variarse o combinarse de diferentes formas para crear secciones más largas y desarrollar ideas temáticas. La estructura de las frases y su relación dentro de una composición contribuyen a la forma y al flujo de la música.

Ejercicio:

En la siguiente canción popular puedes intentar encontrar el motivo principal y las dos semifrases que componen la pieza entera, y que en sí forma una frase:

Fig. 43: *Ja ve Cento* (Canción popular)

Una vez que ya sabemos cómo estructurar una pieza, atendiendo a su tonalidad y a los grados tonales más importantes, sólo nos falta saber la manera de terminar una semifrase suspensiva y otra conclusiva para poder ponernos a componer nuestras propias canciones.

Para ello, necesitamos saber unas nociones mínimas de **cadencias.** Las cadencias musicales son progresiones de acordes o secuencias de acordes que se utilizan para marcar el final de una frase musical, una sección o una composición en general. Son momentos de resolución y cierre que brindan una sensación de conclusión o reposo armónico. La propia melodía, con el uso de notas correspondientes a los grados tonales ayudará a esta sensación auditiva. Existen diferentes tipos de cadencias musicales, y cada una tiene su propia sonoridad y función dentro de la música. Las cadencias más comunes y las que usaremos son:

1. **Cadencia auténtica**: También conocida como cadencia perfecta, es una de las cadencias más fuertes y conclusivas. Se compone de una progresión de acordes de V (dominante) a I (tónica) en la tonalidad principal. Por ejemplo, en la tonalidad de Do mayor, una cadencia auténtica sería sol (dominante) a do (tónica). Cuando compongamos

GUILLEM ESCORIHUELA CARBONELL Y ANA MARÍA BOTELLA NICOLÁS

canciones infantiles terminaremos preferentemente en esta cadencia, e intentaremos que el valor de la I sea largo, para dar más sensación de reposo.

2. **Semicadencia:** También conocida como cadencia imperfecta, es una cadencia que crea una sensación de suspensión y no resuelve completamente. Se compone de una progresión de acordes de cualquier tipo a V (dominante). Por ejemplo, en la tonalidad de Do mayor, una semicadencia podría ser cualquier acorde seguido de sol (dominante). Cuando compongamos canciones infantiles, la primera semifrase terminará preferentemente en semicadencia y sobre valor largo en el V grado.

Las cadencias son una herramienta importante en la armonía y la estructura musical, ya que ayudan a proporcionar tensión y resolución, creando un sentido de movimiento y dirección en la música.

La técnica más usada para la música del aula es la de **pregunta–respuesta.** Las preguntas y respuestas en música se refieren a una técnica compositiva en la que una frase musical inicial (la pregunta) es seguida por una respuesta que le responde y la complementa. Esta técnica se utiliza para crear una conversación musical entre diferentes voces, instrumentos o secciones de una composición.

La frase de pregunta plantea una idea musical o presenta un motivo, generalmente en una tonalidad o melodía ascendente, que crea una sensación de incompletitud o expectativa. A continuación, la frase de respuesta resuelve la tensión generada por la pregunta mediante una melodía o tonalidad descendente que proporciona una conclusión o respuesta musical.

Esta técnica se encuentra en diversos estilos y géneros musicales, y se puede observar tanto en la música vocal como en la instrumental. Es especialmente común en la música clásica y en el jazz, pero también se utiliza en otros estilos como el pop, el rock y la música folclórica.

La pregunta y respuesta pueden repetirse a lo largo de una composición musical, creando una estructura y un diálogo musical entre las diferentes partes. Esta técnica ayuda a mantener el interés y la tensión en la música, generando una sensación de fluidez y desarrollo melódico.

LA FORMACIÓN DE MAESTROS Y MAESTRAS EN EL GRADO DE EDUCACIÓN PRIMARIA. RECURSOS DIDÁCTICOS PARA LA ENSEÑANZA DEL RITMO Y DE LA MELODÍA

99

Es importante destacar que las preguntas y respuestas no necesariamente se limitan a una única frase musical, sino que pueden abarcar frases más largas o incluso secciones completas. La interacción entre la pregunta y respuesta proporciona un contraste y una dinámica musical que enriquece la experiencia auditiva.

Una de las formas más comunes que toman las canciones escolares e infantiles es la forma de **canon**. Este se refiere a una técnica compositiva en la que una melodía es imitada por una o más voces en intervalos escalonados. Esto crea un efecto de capas y se utiliza con frecuencia en composiciones de música clásica. Un canon puede ser independiente o formar parte de una obra musical más grande. Uno de los cánones más famosos es el *Canon en Re mayor* de Johann Pachelbel. Fue compuesto a finales del siglo XVII y desde entonces se ha convertido en una pieza perdurable de música clásica. El canon presenta una melodía sencilla pero hermosa que se interpreta en la voz del bajo y luego es imitada por otras tres voces en diferentes intervalos. Las melodías superpuestas crean un efecto hipnótico y armónico. Existen numerosos otros cánones compuestos por diversos compositores clásicos a lo largo de la historia. Estos pueden variar desde piezas intrincadas y complejas hasta composiciones más sencillas y accesibles.

Algunos cánones más son los que se presentan a continuación, cada uno de ellos ofrece una experiencia auditiva única y muestra la habilidad y la creatividad de los compositores en el uso de esta técnica compositiva:

De Johann Sebastian Bach, el *Canon per tonos* dentro de *El arte de la fuga BWV 1080*. Esta obra maestra de Bach es una colección de cánones y fugas. El *Canon per tonos* es un canon al unísono que se repite a lo largo de la pieza en diferentes tonalidades. También el *Canon a 2 perpetuus*, que es un desafío técnico. Consiste en una melodía continua en una sola voz que se repite a lo largo de la pieza, mientras una segunda voz imita la melodía en contrapunto.

De Wolfgang Amadeus, Mozart el *Canon en Re mayor*. Mozart escribió varios cánones, y este en particular es una pieza corta pero encantadora en la que la melodía es imitada por varias voces.

De Robert Schumann, el *Canon en La bemol mayor*. Este canon para piano es parte de la obra *Bunte Blätter op. 99* (Hojas coloridas) de Schumann.

Presenta una melodía lírica que se va desarrollando a medida que se imita en diferentes voces.

4. Recursos para el aprendizaje y la enseñanza de la melodía

La melodía forma parte de nuestro yo más emocional, la consecución de sonidos consigue que nuestras emociones afloren, a través de las relaciones tonales entre ellos. El pedagogo musical Edgar Willems (1992) ya vincula la melodía con la vida afectiva del ser humano en sus teorías pedagógicas para la educación musical. Pero es que música y emociones han ido de la mano desde la Antigua Grecia y los filósofos de esta época que trataron el efecto de la música en las personas (Delouvé, 2009). La manera más directa de interpretar y sentir una melodía, y más aún en edades infantiles, es a través del canto.

El canto en las edades infantiles tiene numerosos beneficios para el desarrollo de los niños y niñas. Entre ellos, destaca el desarrollo de habilidades vocales, que les permite explorar y desarrollar su voz. Les ayuda a mejorar la entonación, el control del tono y la respiración. A través del canto aprenden a utilizar su voz como un instrumento musical y a expresar emociones de manera artística.

También al desarrollo auditivo y musical. Al cantar aprendemos a reconocer diferentes melodías, ritmos y patrones musicales. Esto contribuye a desarrollar su sentido auditivo y ayuda a internalizar conceptos musicales como la altura, la duración y el timbre. El canto también fomenta el sentido del ritmo y la coordinación.

Aludiendo a una de las competencias clave de nuestro sistema educativo, el canto beneficia el desarrollo del lenguaje y la comunicación. Cantar canciones infantiles y participar en juegos de palabras melódicos ayuda a las niñas y niños a mejorar su pronunciación, vocabulario y comprensión auditiva. Además, el canto fomenta la comunicación no verbal, la expresión emocional y la interacción social a través del lenguaje musical compartido.

La estimulación cognitiva se ve favorecida ya que el canto en la infancia requiere la memoria para recordar letras y melodías, y al promover la creatividad y la improvisación en la interpretación de canciones. Además, el canto puede ayudar a concentrarse, seguir instrucciones y desarrollar habilidades de resolución de problemas musicales.

LA FORMACIÓN DE MAESTROS Y MAESTRAS EN EL GRADO DE EDUCACIÓN PRIMARIA. RECURSOS DIDÁCTICOS PARA LA ENSEÑANZA DEL RITMO Y DE LA MELODÍA

101

Y cómo no, los beneficios socioemocionales son importantes, ya que cantar en grupo, ya sea en la escuela o en actividades extracurriculares, fomenta un sentido de pertenencia y cooperación entre los niños. Además, el canto puede ser una forma de expresar emociones, aliviar el estrés y promover la autoestima y la confianza en sí mismos (Landormy, 1905; Hernández, 2010).

En clase podemos realizar **vocalizaciones**. En el contexto del canto, la vocalización se refiere a la técnica utilizada para producir y proyectar los sonidos vocales de manera óptima. Es el proceso de dar forma y color a los sonidos vocales para lograr un tono claro, resonante y expresivo.

La vocalización en canto implica trabajar en la correcta colocación y configuración de los resonadores vocales, como la garganta, la boca y la cavidad nasal, para obtener un sonido equilibrado y agradable. Esto implica aprender a controlar la respiración, la apertura de la boca, el posicionamiento de la lengua y otros aspectos físicos para lograr una producción vocal eficiente.

Los ejercicios de vocalización en canto suelen incluir escalas, arpegios, trinos y otros patrones melódicos y rítmicos. Estos ejercicios ayudan a desarrollar la flexibilidad, el rango vocal, la afinación, la proyección y la calidad del sonido. Además, la vocalización también puede incluir trabajar en la dicción, la articulación y la expresividad vocal. En la clase de primaria, las vocalizaciones deben ser sencillas, previendo la tesitura de nuestro alumnado, adecuado a las edades y al desarrollo de la afinación, además de ser progresivas en cuanto a registro y amplitud intervélica.

La práctica regular de ejercicios de vocalización en canto es fundamental para mejorar y mantener la salud vocal, así como para desarrollar las habilidades necesarias para interpretar y comunicar eficazmente a través de la música. Un entrenador vocal o profesor de canto puede proporcionar orientación y retroalimentación para ayudar a los cantantes a perfeccionar su técnica de vocalización (Canuyt, 1982; Martínez Lluna, 1985; Tulon, 2005).

Obviamente, si trabajamos la melodía con la vocalización a través de la técnica vocal, también la podemos trabajar con el **canto**. El canto en clase es una herramienta muy potente para desarrollar la voz y los elementos de la melodía. El canto escolar se puede dar de manera coral al unísono o a diferentes voces. La dificultad será mayor cuantas más voces (melodías) participen de la pieza musical.

GUILLEM ESCORIHUELA CARBONELL Y ANA MARÍA BOTELLA NICOLÁS

El canto escolar es una actividad que tiene una larga tradición en los sistemas educativos de todo el mundo. Se trata de una forma de expresión artística que involucra a los estudiantes en la práctica del canto coral, ya sea en coros escolares, grupos vocales o actividades relacionadas con la música en el ámbito escolar.

El canto escolar es beneficioso en muchos aspectos. En primer lugar, promueve el desarrollo de habilidades musicales en los estudiantes. A través del canto, los niños y jóvenes pueden aprender conceptos básicos de música, como la afinación, el ritmo, la entonación y la interpretación. Además, pueden adquirir conocimientos sobre diferentes estilos musicales, explorar la expresión emocional a través del canto y desarrollar su capacidad auditiva y vocal.

Además de los beneficios musicales, el canto escolar también tiene un impacto positivo en el desarrollo personal de los estudiantes. Al participar en un coro escolar, los estudiantes aprenden a trabajar en equipo, a escuchar a los demás, a respetar turnos y a seguir las indicaciones del director del coro. Estas habilidades son fundamentales tanto en el ámbito escolar como en la vida cotidiana, ya que fomentan la colaboración, la disciplina y la responsabilidad.

El canto escolar también promueve la inclusión y la diversidad. En un coro escolar, los estudiantes de diferentes orígenes y habilidades pueden unirse para crear música juntos. Esto fomenta la aceptación y la valoración de la diversidad, ya que todos los participantes tienen un papel importante en la creación de un sonido armonioso.

Además, el canto escolar puede tener un impacto en el bienestar emocional de los estudiantes. La música, incluido el canto, ha demostrado tener efectos positivos en el estado de ánimo, la reducción del estrés y la mejora de la autoestima. Participar en un coro escolar brinda a los estudiantes una oportunidad para expresarse, liberar emociones y desarrollar una conexión emocional con la música y con los demás miembros del coro.

No solo tiene beneficios para los estudiantes, sino que también enriquece la comunidad escolar y la sociedad en general. Los coros escolares suelen realizar presentaciones en eventos escolares, conciertos comunitarios y festivales de música. Estas actuaciones no solo entretienen al público, sino

LA FORMACIÓN DE MAESTROS Y MAESTRAS EN EL GRADO DE EDUCACIÓN PRIMARIA. RECURSOS DIDÁCTICOS PARA LA ENSEÑANZA DEL RITMO Y DE LA MELODÍA

103

que también promueven el sentido de pertenencia y orgullo en la escuela y la comunidad. Además, el canto escolar puede ayudar a preservar y difundir el patrimonio cultural y musical de una región, ya que a menudo se incluyen canciones folclóricas y tradicionales en los repertorios de los coros escolares (Fucci, 2007; Ibarretxe, 2007; Pérez–Aldeguer, 2014; Pavanello y Selpa, 2018).

A continuación, podéis ver un canon que se podría trabajar en el aula. Se trata del *Canon de las frutas*, a tres voces, donde en cada fruta entra una nueva voz y se van superponiendo unas a otras. Intentadlo en vuestra clase.

Fig. 44: *Canon de frutas* (Canción popular)

Los **dictados musicales**, mediante la audición, son uno de los recursos a través de los cuales ahondar en la melodía. Saber si una melodía es ascendente o descendente, si hay saltos intervállicos o si, por el contrario, nos movemos por grados conjuntos, son algunas de las pautas que se pueden practicar a través de los dictados musicales.

El dictado musical es una actividad en la que se solicita a los estudiantes que escuchen y escriban o describan la música que se les presenta auditivamente.

Es una herramienta fundamental en la formación musical, ya que desarrolla habilidades auditivas, memoria musical, lectura y escritura musical, y comprensión de la teoría musical.

Durante un dictado musical, un profesor o instructor reproduce una melodía, un ritmo, un acorde o una combinación de ellos, y los estudiantes deben transcribirlos en notación musical. Esto implica reconocer y escribir correctamente las notas, los intervalos, los ritmos y otros elementos musicales presentes en la música escuchada. Pero en un nivel de Educación Primaria podemos adaptar la dificultad, pidiendo al alumnado que reconozca elementos melódicos del dictado, sin necesidad de transcribir en lenguaje musical lo que está escuchando.

Por eso, el dictado musical puede ser realizado en diferentes niveles de dificultad, adaptándose al nivel de los estudiantes. Al principio, los dictados pueden consistir en melodías sencillas, utilizando pocas notas y ritmos básicos. A medida que los estudiantes adquieren más experiencia y conocimiento musical, los dictados pueden volverse más complejos, incluyendo acordes, modulaciones, cambios de tonalidad y otros elementos musicales avanzados.

Esta actividad tiene varios beneficios. En primer lugar, desarrolla las habilidades auditivas de los estudiantes, permitiéndoles reconocer y distinguir diferentes elementos y características de la música. Esto incluye reconocer intervalos, escalas, acordes, ritmos y estructuras melódicas. El dictado musical también mejora la memoria auditiva, ya que los estudiantes deben retener y recordar las secuencias musicales escuchadas. Además, mejora las habilidades de lectura y escritura musical.

Al transcribir la música, los estudiantes deben utilizar el conocimiento de la notación musical, como la lectura de las claves, las notas en el pentagrama, las figuras rítmicas y los signos de expresión musical. Esto fortalece su comprensión de la teoría musical y su capacidad para interpretar partituras. Esta técnica también ayuda a los estudiantes a desarrollar su capacidad de análisis musical. Al escuchar atentamente la música y transcribirla, deben identificar los elementos musicales y comprender cómo se combinan y se relacionan entre sí. Esto fomenta la comprensión de la estructura y el lenguaje musical.

LA FORMACIÓN DE MAESTROS Y MAESTRAS EN EL GRADO DE EDUCACIÓN PRIMARIA. RECURSOS DIDÁCTICOS PARA LA ENSEÑANZA DEL RITMO Y DE LA MELODÍA

105

Por todo ello, el dictado musical es una actividad valiosa en la formación musical. Ayuda a desarrollar habilidades auditivas, memoria musical, lectura y escritura musical, y comprensión de la teoría musical. A través de este, los estudiantes mejoran su capacidad para reconocer y transcribir elementos musicales, fortaleciendo su conocimiento y apreciación de la música.

A través del **cuerpo** también se puede vivenciar la experiencia melódica y de la altura de las notas, tomando consciencia de los elementos constitutivos de la melodía, como la escala o los intervalos. Por ejemplo, un ejercicio es pintar los escalones de una escalera de colores, asignando de manera cromática un sonido a cada uno de ellos. O incluso, conociendo que las teclas blancas del piano son las notas de la escala diatónica, y las teclas negras son las notas alteradas, se puede pintar la escalera como si de un piano se tratara. De esta manera podemos tener la ilusión óptica de que nos desplazamos por la escala cromática, pudiendo hacer toda una serie de melodías.

Fig. 45: Escalera que simula las teclas negras y blancas de un piano

Otra variante de la vivencialidad de las notas, la altura y la formación de la melodía mediante el cuerpo, es jugar con un pentagrama gigante, donde las persones son las diferentes alturas dependiendo del lugar en el que se coloquen. Se refiere a una representación física del pentagrama, que es el sistema de escritura musical utilizado para representar las notas y los ritmos en una partitura. En este sentido, el pentagrama en el suelo puede ser un recurso didáctico utilizado en clases de música o ensayos corales para ayudar a los estudiantes a visualizar y comprender mejor la estructura y las notas de una composición musical. Se puede dibujar un pentagrama a escala en el suelo utilizando cintas adhesivas, cuerdas o cualquier otro material adecuado. Esto permite que los estudiantes se muevan sobre el pentagrama y experimenten de manera práctica la relación entre las notas, los intervalos y la lectura musical.

Los juegos de pentagrama en el suelo son una excelente manera de enseñar los números de las líneas y espacios, y los nombres de las notas.

¿Qué necesitamos? podemos usar cinta de pintor para colocarlas como las líneas del pentagrama. Algunos juegos a los que podemos jugar en el aula y promover el aprendizaje mediante ludificación, son:

1- **Staff Jump**. Un juego de eliminación para aprender los números de las líneas y espacios. La mitad de los alumnos se paran en la línea uno. Decimos una línea para que salten: ¡la línea tres! línea cuatro! El último estudiante en llegar a la línea correcta es eliminado. La otra mitad saltan a los espacios. Cuando introducimos los nombres de las notas de las líneas y los espacios, repetimos el juego usando el nombre de estas.

2. **Relevos.** Dividiendo la clase en dos o cuatro equipos, en pequeños platos de papel, escribimos el nombre de una nota: do–re–mi–fa–sol–la–si. Cada equipo recibe una pila de notas. Los equipos compiten para colocar sus notas en la línea o espacio correcto. El primer equipo que termine con todas las notas correctamente colocadas gana.

3. **Adivina la nota.** Dividiendo la clase en dos o cuatro equipos, cada equipo tiene una pila de pufs. Un miembro del equipo arroja uno de estos al pentagrama y deben nombrar correctamente la nota de la línea o el espacio en el que cae.

Las **actividades ligadas a las emociones** son muy importantes en las edades de crecimiento y formación de la consciencia y los valores. Los modos musicales y las emociones se han vinculado a lo largo de la historia. Algunos teóricos disertaron acerca de los sentimientos que causan los modos: Guido d´Arezzo (1000), Adam de Fulda (1445–1506), Domingo Marcos Durán Lux Bella (1498), Juan de Espinosa (1520), Andrés Lorente en *El porqué de la música* (1672) o Pablo Nassarre en su *Escuela Música* (1724). Todos estos teóricos se refirieron a la cantidad de modos en los que se componía habitualmente antes del temperamento, pero como hemos explicado anteriormente, la música occidental se compone hoy en día, y de manera mayoritaria, mediante el modo mayor y menor.

LA FORMACIÓN DE MAESTROS Y MAESTRAS EN EL GRADO DE EDUCACIÓN PRIMARIA. RECURSOS DIDÁCTICOS PARA LA ENSEÑANZA DEL RITMO Y DE LA MELODÍA

107

La música expresa sentimientos a través de los sonidos, potencia las emociones de quien la escucha, por eso se convierte en una extraordinaria herramienta que permite ir más allá de las palabras para expresar la complejidad de las emociones. Sería oportuno trabajar y fomentar la sensibilidad musical del estudiantado con cuestiones relativas a la emoción o el ánimo provocado por la música. Se pueden plantear preguntas tan abiertas como: ¿qué te ha parecido esta música?, ¿qué sensación o ánimo te produce?, ¿cómo la definirías?, etc.

Podemos profundizar sobre sus matices e intensidades, a través de la dicotomía entre modos y ayudándonos de los colores, como muestra la rueda de las emociones creada por el psicólogo Robert Plutchik (1980) que enseña en forma de flor con ocho pétalos de distintos colores a identificar las distintas emociones y las relaciones que se establecen entre ellas.

Escogiendo una selección de piezas que varíen en velocidad, timbres, ritmos, pero sobre todo que se distingan entre el modo mayor y menor, podemos

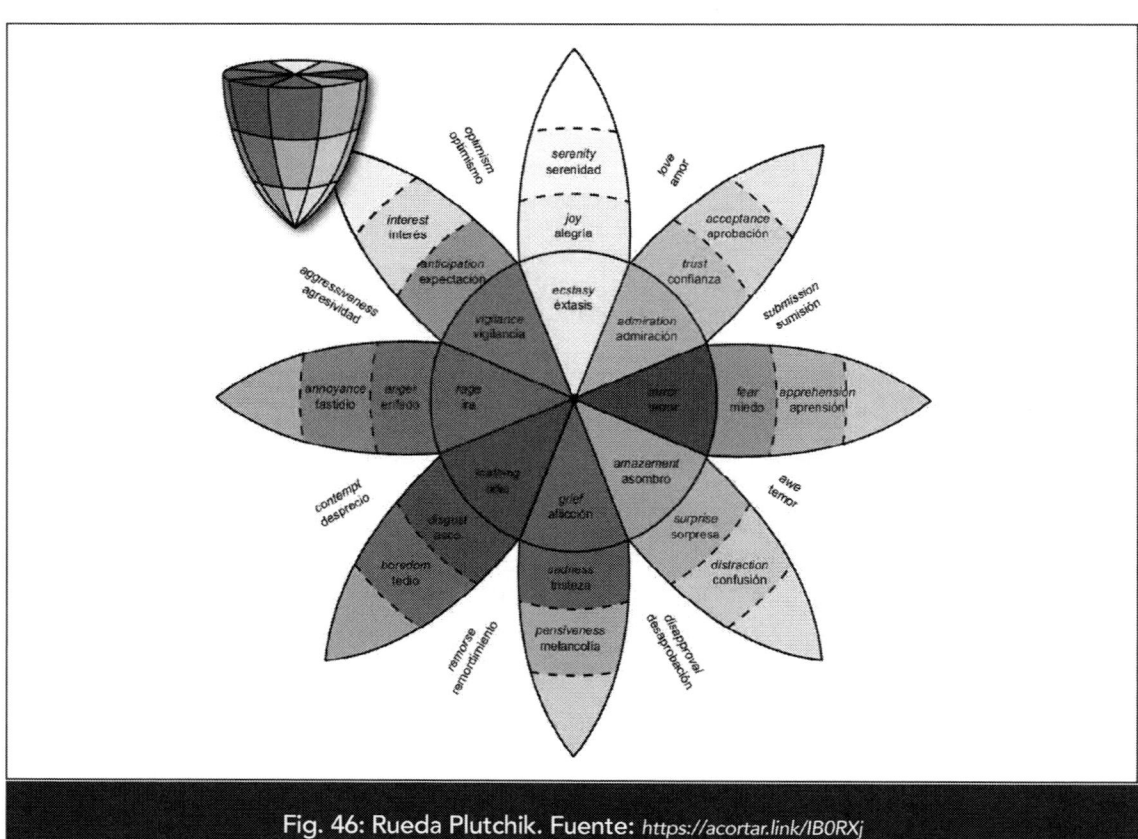

Fig. 46: Rueda Plutchik. Fuente: *https://acortar.link/IB0RXj*

GUILLEM ESCORIHUELA CARBONELL Y ANA MARÍA BOTELLA NICOLÁS

colocar distintos *emojis* de las emociones básicas, y nuestro alumnado se tendrá que ir moviendo por el aula, colocándose en el *emoji* que le transmita la música que se escucha:

Tabla 4. Diferentes adjetivos que se pueden usar para expresar emociones según suena la música y sus posibles Emojis				
brillante luminoso optimista animado alegre gozoso festivo	generoso variado sorprendente asombroso ingenioso gracioso divertido	ágil agitado excesivo nervioso excitante inquietante intrigante	silencioso calmado moderado tranquilo reposado sereno relajado apacible	pobre cansado pesado monótono soso serio aburrido

Los ejercicios de **reconocimiento auditivo** se pueden vincular también al de dictado musical. En este caso se trata de diferenciar, por ejemplo, entre melodías ascendentes y descendentes. Se puede trabajar la escritura musical no convencional mediante el trazo y la pintura (dibujando hacia arriba cuando la melodía se mueve ascendentemente, o hacia abajo cuando lo hace descendentemente), o a través del movimiento del cuerpo, que puede subir y bajar.

Y enlazando con este dibujo de la altura y el movimiento melódico de los sonidos, podemos introducir el concepto de **partitura gráfica.** La notación gráfica, una forma de escritura musical que surgió en el siglo pasado, utiliza una amplia gama de elementos del lenguaje visual para representar diferentes

La formación de maestros y maestras en el grado de educación primaria. Recursos didácticos para la enseñanza del ritmo y de la melodía

109

fenómenos sonoros. La partitura, en este tipo de notación, no solo registra e impulsa la experimentación musical de los compositores vanguardistas, sino que también se convierte en un terreno de pruebas y exploración de diversos lenguajes visuales, que fomenta extremadamente la creatividad en la etapa de educación primaria.

Se pueden seleccionar distintos lenguajes visuales, desde el cómic, el collage, la escultura, el vídeo y la película, la fotografía o el dibujo. La creatividad de esta forma de escritura musical genera nuevos procesos sonoros y artísticos, así como sugerencias y recursos interpretativos (Buj, 2019).

Una partitura gráfica es una forma de notación musical que utiliza elementos visuales en lugar de los tradicionales símbolos musicales. En lugar de notas y figuras rítmicas convencionales, una partitura gráfica emplea imágenes, símbolos abstractos, formas y otros elementos visuales para representar la música.

A diferencia de las partituras convencionales, que proporcionan una representación precisa de las notas y la duración de los sonidos, las partituras gráficas ofrecen una mayor libertad interpretativa al músico. En lugar de seguir una secuencia de notas específicas, el intérprete tiene la libertad de interpretar y explorar la partitura gráfica de manera más abierta y creativa.

La partitura gráfica también puede incluir instrucciones detalladas sobre técnicas y efectos sonoros, indicaciones de improvisación y elementos no musicales, como el movimiento escénico o el uso de objetos cotidianos como instrumentos. Estos elementos adicionales permiten una mayor experimentación y expresión artística por parte del intérprete.

El uso de partituras gráficas en la educación primaria puede ser una excelente herramienta para introducir a los estudiantes al mundo de la música de una manera creativa y accesible. Al utilizar elementos visuales en lugar de los símbolos tradicionales, las partituras gráficas pueden ayudar a los estudiantes a comprender conceptos musicales básicos de una manera más intuitiva y atractiva.

La partitura gráfica puede ser dada por el docente o creada por el alumnado. Algunas formas en las que las partituras gráficas pueden utilizarse en la educación primaria son:

GUILLEM ESCORIHUELA CARBONELL Y ANA MARÍA BOTELLA NICOLÁS

1. **Introducción a los conceptos musicales:** Las partituras gráficas pueden ayudar a los estudiantes a comprender conceptos básicos de la música, como el ritmo y la melodía, de una manera visualmente estimulante. Los elementos visuales pueden representar diferentes duraciones de notas, cambios de tono y otros aspectos musicales, permitiendo a los estudiantes experimentar y explorar el lenguaje musical de forma más creativa.

2. **Fomento de la creatividad:** Las partituras gráficas brindan a los estudiantes la oportunidad de expresarse y crear su propia música. Al trabajar con elementos visuales en lugar de símbolos estándar, los estudiantes pueden experimentar con la composición musical de una manera más libre y personal, fomentando su creatividad y exploración artística.

3. **Integración con otras disciplinas:** Las partituras gráficas pueden ser una excelente forma de integrar la música con otras áreas curriculares. Por ejemplo, los estudiantes pueden crear partituras gráficas inspiradas en poemas o cuentos que están estudiando en clase, combinando la música con la literatura. Esto ayuda a fortalecer conexiones entre diferentes disciplinas y promueve el aprendizaje interdisciplinario.

4. **Desarrollo de habilidades de colaboración:** Al trabajar con partituras gráficas, los estudiantes pueden participar en proyectos musicales colaborativos. Pueden interpretar juntos una partitura gráfica, improvisar música en grupo o incluso crear sus propias partituras gráficas para ser interpretadas por otros estudiantes. Estas actividades fomentan el trabajo en equipo, la escucha activa y la colaboración entre los estudiantes.

Uno de los mayores recursos para el aula de música en primaria es el **musicograma**, que podría decirse que es una forma específica de partitura gráfica. Al igual que las partituras gráficas en general, los musicogramas utilizan elementos visuales para representar la música y hacerla más accesible.

En el año 1970, el compositor belga Jos Wuytack (1935-) propone una nueva metodología que propicia la audición musical activa, denominada musicograma. Acuña este concepto para referirse a un dibujo o gráfico que

LA FORMACIÓN DE MAESTROS Y MAESTRAS EN EL GRADO DE EDUCACIÓN PRIMARIA. RECURSOS DIDÁCTICOS PARA LA ENSEÑANZA DEL RITMO Y DE LA MELODÍA

111

ayuda a comprender la música y a escucharla de forma activa (Ramos y Botella, 2015). Este sistema solicita la participación física y mental del oyente antes y durante la audición y también utiliza la percepción visual (el musicograma) para mejorar la percepción musical (Botella y Hurtado, 2017).

Fig. 47: Musicograma Marcha Radetzky de Johann Strauss.
Fuente: *https://www.youtube.com/watch?v=Bb56fQ9WrWM*

La pedagogía de Wuytack presenta similitudes con la del compositor alemán, Carl Orff. Ambas permiten a los alumnos hacer música con ritmo, melodía, armonía y timbre, con la presencia de gestos, golpes rítmicos y movimientos. Este autor considera el musicograma como una metodología que exige la participación activa por parte del oyente, y requiere una percepción visual que contribuye a la mejora de la percepción musical (Wuytack y Boal, 2009).

Un musicograma típico muestra la estructura y los elementos musicales de una pieza de manera visual. Puede incluir elementos como formas, colores, líneas y otros símbolos visuales para representar diferentes aspectos de la música, como la melodía, el ritmo, la dinámica y la instrumentación.

El musicograma se utiliza principalmente como una herramienta educativa para ayudar a los estudiantes a comprender y analizar la música. Al observarlo mientras escuchan la pieza musical correspondiente, los estudiantes pueden identificar y seguir visualmente los diferentes elementos musicales a medida que se desarrollan. El musicograma se ha utilizado ampliamente en la educación primaria y secundaria como una forma de introducir a los estudiantes a la música clásica y desarrollar habilidades auditivas y de

GUILLEM ESCORIHUELA CARBONELL Y ANA MARÍA BOTELLA NICOLÁS

análisis musical. También puede ser utilizado en otros contextos educativos para facilitar la comprensión y apreciación de diferentes géneros musicales (Botella y Marín, 2015, 2016 y 2017; Botella, Hurtado y Ramos, 2019; Botella, Hurtado y Marín, 2020).

Además, con la incorporación de las tecnologías de la información y la comunicación a la Didáctica de la Educación Musical han surgido nuevos recursos como es el caso del musicomovigrama, que se presenta como una versión animada de su predecesor, el musicograma (Botella y Marín–Liébana, 2016). El musicomovigrama es un recurso didáctico que provoca en el alumnado la motivación y la atención necesaria, desarrollando la comprensión de la totalidad de la obra musical, así como la capacidad de escuchar durante un tiempo más prolongado. Este recurso aúna las nuevas tecnologías, que por sí mismas resultan atractivas, y la percepción intuitiva de la música, pues mediante los sentidos de la vista y el oído, el alumno disfruta de forma activa, ya que establece la relación entre el sonido, el movimiento y la imagen, lo que contribuye a la percepción completa de la obra y al desarrollo de su consciencia musical (Ramos y Botella, 2020).

La representación musical es el último paso en el aprendizaje musical, y se refiere a una dimensión más intelectual en la que se alcanza la notación musical. Escribir música nunca debe ser el punto de partida en las actividades que se preparan en el aula, sino más bien el final. Como se ha argumentado anteriormente, la educación musical en la etapa infantil no debe tener como único objetivo la lectoescritura musical. En su lugar, se suelen utilizar notaciones no convencionales que fomenten la práctica y expresión musical.

Una vez hemos visto la notación musical no convencional podemos intentar realizar en clase pequeñas **composiciones sencillas** en grupo. El cancionero del aula puede

Fig. 48: Ejemplo de Musicomovigrama. Tortugas de Camille Saint–Saëns
Fuente: *https://audicioninteractiva.wordpress.com/*

LA FORMACIÓN DE MAESTROS Y MAESTRAS EN EL GRADO DE EDUCACIÓN PRIMARIA. RECURSOS DIDÁCTICOS PARA LA ENSEÑANZA DEL RITMO Y DE LA MELODÍA

113

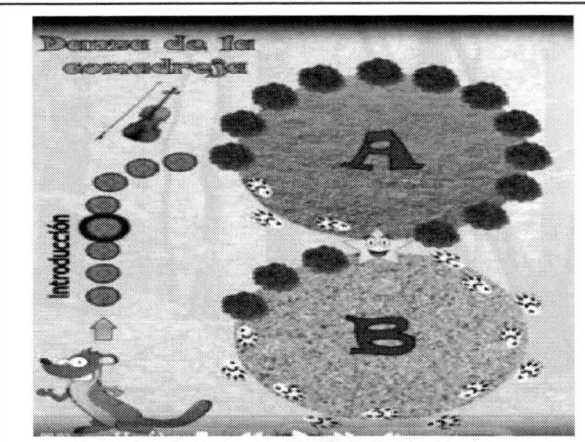

Fig. 49: Ejemplo de Musicomovigrama. Danza de la comadreja, danza tradicional infantil.
Fuente: *https://www.youtube.com/watch?v=R8rB6dQJ7U8*

ser un gran recurso del maestro de música. Las canciones están consideradas como un recurso del aula muy necesario, se trata de las maneras más placenteras, espontáneas y simples de acercarse al hecho musical. El cancionero aporta a las clases un medio por el que aprender y hacer música, a la vez que puede incorporar conocimientos e incorporar rutinas al alumnado.

Las clases deben buscar diferentes temáticas para su cancionero, desde el trabajo de hábitos y rutinas a aprender conceptos o procesos (países y culturas, estaciones del año, cómo atarse los cordones…). Para ello tenemos que conocer los elementos básicos del lenguaje musical para componer canciones sencillas.

Las piezas deben respetar la tesitura vocal de los infantes y seguir las pautas de la música elemental basada en una tonalidad y en la que toman especial importancia los grados principales para estructurar el discurso entorno a dos frases con semicadencia y cadencia perfecta. Además, el complemento rítmico se da al colocar letra a la melodía creada. El docente debe guiar la composición de la clase, su aplicabilidad en el aula, a través de los rincones artísticos y/o musicales, instalaciones sonoras y otras maneras de acercar la música a los niños y niñas es importante. Y su valor reside en que las canciones son inéditas para la propia clase y pueden tratar temáticas específicas, además se hace partícipe al alumnado de la propia composición, tanto melódica como lírica.

Uno de los principios fundamentales de la educación musical es llegar a los procesos de representación después de haber experimentado y practicado la música. Los instrumentos musicales, la voz, las canciones y el movimiento corporal son elementos mediadores que nos permiten establecer conexiones desde la percepción hasta llegar a la representación.

GUILLEM ESCORIHUELA CARBONELL Y ANA MARÍA BOTELLA NICOLÁS

Fig. 50: Cancionero de aula

La expresión musical debe estar presente en todo momento en el aula de educación musical. Los elementos mediadores, como los instrumentos musicales, la voz y el movimiento corporal, permiten a los alumnos expresarse a través de la música. En muchas ocasiones, la improvisación musical también brinda una gran capacidad de expresión. Sin embargo, es importante destacar que cuando hablamos de improvisación, no nos referimos a una espontaneidad incontrolada, sino a un procedimiento musicalmente controlado.

La **interpretación musical** en el aula se puede dar a través del canto, como hemos visto, pero también mediante el uso de instrumentos musicales. El instrumental escolar en la educación musical forma parte del currículo y las actividades de aprendizaje en las escuelas. Estos instrumentos son utilizados para enseñar a los estudiantes sobre conceptos musicales, desarrollar habilidades técnicas, fomentar la expresión artística y promover el trabajo en equipo.

El instrumental escolar puede incluir una variedad de instrumentos, tanto de percusión como de viento y cuerda. Algunos instrumentos comunes en los programas escolares de música incluyen la flauta dulce, el xilófono, la guitarra, el teclado, la batería y diversos instrumentos de percusión como tambores y maracas.

La incorporación del instrumental escolar en la educación musical ofrece numerosos beneficios para los estudiantes. Estos instrumentos les permiten explorar y experimentar con diferentes sonidos y técnicas, lo que contribuye al desarrollo auditivo, cognitivo y motriz. Además, tocar instrumentos en grupo fomenta el trabajo en equipo, la colaboración y el respeto mutuo.

La práctica instrumental escolar ha estado enormemente estudiada (Lacárcel, 2003; Schlaug et ál., 2005; Stewart, 2008; Soria–Urios et ál., 2011b; Yun y

LA FORMACIÓN DE MAESTROS Y MAESTRAS EN EL GRADO DE EDUCACIÓN PRIMARIA. RECURSOS DIDÁCTICOS PARA LA ENSEÑANZA DEL RITMO Y DE LA MELODÍA

115

Kim, 2013; Dutica, 2014; Campayo–Muñoz y Cabedo–Mas, 2017 y Barrientos et ál., 2019). El modelo pedagógico de Orff–Schulwerk se ha impuesto como uno de los métodos de educación musical más atractivos y eficientes donde los instrumentos rítmicos y de percusión juegan un papel fundamental. Se destaca la dimensión lúdica de interpretar obras, ya que revela la naturaleza polifónica de la obra y las técnicas de composición derivadas de la diversificación de las combinaciones vocales e instrumentales.

El instrumental Orff es el conjunto de instrumentos diseñados y desarrollados por el compositor alemán Carl Orff y su colaboradora, Gunild Keetman. Estos instrumentos están especialmente diseñados para ser utilizados en la educación musical y se basan en la idea de que todos los niños tienen la capacidad innata de hacer música.

El conjunto instrumental Orff incluye una variedad de instrumentos de percusión afinados y no afinados, como xilófonos, metalófonos, glockenspiels, campanas, tambores, maracas, güiros, entre otros. Estos instrumentos son de tamaño adecuado para los niños y están construidos con materiales duraderos.

La idea detrás del instrumental Orff es que los niños pueden aprender música de una manera lúdica y participativa, utilizando instrumentos que les permitan explorar el ritmo, la melodía y la armonía de una manera intuitiva. Además, estos instrumentos fomentan la colaboración y la creatividad en el proceso de hacer música en grupo.

El instrumental Orff se utiliza ampliamente en las escuelas y programas de educación musical para niños, y ha demostrado ser una herramienta efectiva para el desarrollo auditivo, rítmico y melódico de los niños, así como para estimular su expresión musical y su interés por la música.

Además, otros instrumentos de aula que se han impuesto en la educación instrumental musical escolar son:

1. **Flauta dulce:** La flauta dulce es un instrumento de viento de fácil manejo y produce un sonido suave y melódico. Su uso en las escuelas es común debido a su asequibilidad y facilidad de aprendizaje. Permite a los estudiantes desarrollar habilidades básicas de lectura de partituras y coordinación mano–ojo, así como aprender conceptos como la respiración y el control del flujo de aire (Akoschky, 1977).

2. **Instrumentos de cuerda pulsada**: La guitarra o el ukelele son instrumentos versátiles y populares que permiten a los estudiantes explorar una amplia gama de géneros musicales, desde el folclore hasta el rock y el pop. Su aprendizaje fomenta el desarrollo de habilidades motoras finas, coordinación entre las manos y el conocimiento de acordes y ritmos. Además, pueden ser utilizados tanto para acompañamiento como para tocar melodías, lo que brinda a los estudiantes una experiencia más completa en la música (de Guevara, 2023; López García, 2023).

3. **Piano/Teclado**: El piano o teclado es un instrumento clave para la comprensión de la teoría musical y la armonía. Su diseño visual facilita la comprensión de la relación entre las notas y la lectura de partituras. Además, el piano es altamente expresivo y permite a los estudiantes explorar la dinámica, el ritmo y la interpretación musical de una manera más profunda (Sepp *et al.*, 2023).

4. **Percusión adicional** (tambores, cajas, platillos, etc.): Además de los instrumentos Orff mencionados anteriormente, el uso de percusión adicional como tambores, cajas y platillos puede proporcionar a los estudiantes una experiencia rítmica más diversa y estimulante. Estos instrumentos ayudan a desarrollar habilidades de coordinación, ritmo y precisión, además de fomentar el trabajo en equipo y la colaboración en grupos de percusión.

En general, la introducción de diferentes instrumentos en la educación musical escolar brinda a los estudiantes una experiencia musical más completa y enriquecedora. Al experimentar con diferentes sonidos, técnicas y estilos musicales, los estudiantes tienen la oportunidad de desarrollar habilidades musicales diversas, expresar su creatividad y descubrir sus propias preferencias e intereses musicales. Para ello, el docente debe tener en cuenta el instrumental de su aula y sus capacidades de instrumentación. A continuación, puedes observar una instrumentación del famoso tema del juego Tetris, para instrumental Orff:

LA FORMACIÓN DE MAESTROS Y MAESTRAS EN EL GRADO DE EDUCACIÓN PRIMARIA. RECURSOS DIDÁCTICOS PARA LA ENSEÑANZA DEL RITMO Y DE LA MELODÍA

117

Fig. 51: Instrumentación del Tetris. Tíscar Martínez Bayona

GUILLEM ESCORIHUELA CARBONELL Y ANA MARÍA BOTELLA NICOLÁS

VI. EXPERIENCIAS DE AULA Y RECURSOS DIDÁCTICOS

La formación de maestros y maestras en el grado de educación primaria. Recursos didácticos para la enseñanza del ritmo y de la melodía

119

CBS RECORDS · MASTERWORKS

BEETHOVEN'S
GREATEST HITS

1 FIRST MOVEMENT (Allegro con brio)
from SYMPHONY NO. 5 IN C MINOR, OP. 67
2 MINUET IN G   3 FÜR ELISE
4 FIRST MOVEMENT (Adagio sostenuto)
from SONATA NO. 14 IN C-SHARP MINOR, OP. 27, NO. 2 "MOONLIGHT"

MLK 39434
DIDC 02012

COMPACT

disc
DIGITAL AUDIO

5 "TURKISH MARCH" from RUINS OF ATHENS
6 FINAL MOVEMENT
(Presto; Allegro assai; Recitativo; Allegro assai)
from SYMPHONY NO. 9 IN D MINOR,
OP. 125 "CHORAL"

℗ 1963, 1966, 1968 CBS Inc. (Not for U.S.)
Compilation ℗ 1989 CBS Inc. (Not for U.S.)

CBS RECORDS · MASTERWORKS

GUILLEM ESCORIHUELA CARBONELL Y ANA MARÍA BOTELLA NICOLÁS

EXPERIENCIAS DE AULA Y RECURSOS DIDÁCTICOS

CUESTIONARIO
1 - ¿Cómo trabajas el ritmo en tus clases?
2 - ¿Qué ejercicios o recursos empleas para la melodía?
3 - ¿Qué puedes contarnos de la audición en tu aula?
4 - Y, ¿de la expresión e interpretación?

	MARIA ANGELES CUERDA MORALES CEIP El Barranquet (Godella)
	MARÍA ALBARRÁN GARCÍA CEIP Vicente Aleixandre (Valladolid)
	CARINA ADAM European School of Brussels IV (Bruselas)
	ELENA CINTERO MOCHOLÍ CEIP El Murtal (Benidorm)
	ANDREA TUR PALOMARES CEIP Pare Melchor (Benissa)

LA FORMACIÓN DE MAESTROS Y MAESTRAS EN EL GRADO DE EDUCACIÓN PRIMARIA.
RECURSOS DIDÁCTICOS PARA LA ENSEÑANZA DEL RITMO Y DE LA MELODÍA

121

¿Cómo trabajas el ritmo en tus clases?

CUERDA MORALES	En el aula, trabaje el ritmo siguiendo metodologías de grandes pedagogos. -A través del ritmo (Método Dalcroze) -A través de la instrumentación (Método Orff) -A través del canto (Método Kodaly) Además, cuando trabajamos el ritmo es importante trabajar el pulso, el acento y el compás, por eso en las actividades del aula deben estar presentes. Además, como maestros debemos diferenciar entre el ritmo libre, el ritmo rítmico y el ritmo métrico. Entre las actividades que realice en el aula encontramos: bingo musical rítmico, juego de la oca rítmico, ritmogramas, percusión corporal, ecos rítmicos, juegos de pregunta-respuesta, uso de instrumentos de pequeña percusión (clavos, pandero, triángulo, maracas, pandereta, etc.), canon rítmico, polirritmias, caminar al ritmo de la música, juegos con círculos, uso de pelotas para seguir la pulsación, marcar acentos y realizar ritmos.
ALBARRÁN GARCÍA	Los alumnos necesitan vivenciar y sentir el ritmo, por eso, efectúo muchas coreografías bailables adaptadas al esquema de ajuste corporal del alumnado. De esa forma, además de seguir el ritmo con los diferentes pasos, establecen vínculos sociales con los compañeros contribuyendo así a la competencia personal, social y de aprender a aprender que marca la LOMLOE. Es importante elegir muy bien el audio para dicho baile, si queremos que no tenga letra y se centren solo en los pasos a efectuar, o por el contrario, si tiene letra, tenemos que asegurarnos de que posea un lenguaje formal propio de la edad. Teniendo en cuenta que me apasiona el ambiente lúdico muy alejado del método socrático utilizando el libro de texto y en contraposición unir Música-juego, podemos trabajar el ritmo de una manera tradicional al estilo del mítico juego "El teléfono escacharrado". En fila, a modo de hilera, sentados en el suelo, cada alumno se sitúa delante de su compañero dándole la espalda que va a ser como su jeroglífico en el que va a escribir el ritmo. Una vez que están listos, cada alumno se inventa un ritmo que puede ser de 2/4, 3/4 o 4/4 y golpea en la espalda del compañero en relación a las figuras que vaya a usar para completar el compás, por ejemplo, si utiliza el compás de 2/4, puede dar un golpe equivalente a una negra y cuatro golpecitos simulando cuatro semicorcheas. El alumno que esté delante tiene que sentir esa vibración en su cuerpo e imitarlo en la espalda del compañero que tiene delante y así sucesivamente. Otra manera, en cursos inferiores sería emplear los aros en el suelo y mediante la interdisciplinariedad con Educación Física, que vayan saltando siguiendo la pulsación o si les ejecuto un ritmo fuerte saltar hacia delante con los dos pies y si es un ritmo débil o suave saltar hacia delante con la pata coja. Así también trabajamos una de las cualidades del sonido como es la intensidad y el campo de la psicomotricida.

ADAM	- Tocar ritmos con palmas / instrumentos y hacer actividades de pregunta y respuesta. - Juegos de empezar con un ritmo, alguien responde con el mismo y hace uno nuevo que lo pasa a otra persona etc. - Rhythm Bingo: trabajar los ritmos en las primeras páginas, después hacer juegos de reconocer un ritmo entre 8 opciones en cada Rhythm card. - The Rhythm Trainer: desde el ordenador del profesor proyectando para la clase; también se puede hacer con los teléfonos propios de los alumnos (si hay confianza que se trabaja bien, con algunas clases funciona, con otras no), o si tienen acceso a iPads u ordenadores del colegio pueden trabajar individualmente o en grupos pequeños. Se empieza por Tempo lento, se cogen pocos elementos rítmicos al principio; es un ejercicio que entrenamiento del oído al ritmo y prepara a los dictados rítmicos. - Trabajar ejercicios de polirritmia dividiendo la clase en diferentes grupos que deben mantener la misma voz. - Coreografías Percusión Corporal: Para empezar Sevens y para un Proyecto que va durante varias clases y que termina con class performance Amelie Poulain. - Tempo: Trabajar ritmos sobre música en diferentes tempos aprendiendo los términos en italiano asociados al tempo. Se puede hacer con palmas o con instrumentos.
CINTERO MOCHOLÍ	Lo trabajamos vivenciándolo a través del movimiento (Dalcroze). Con ejercicios de movimiento corporal, palos chinos, coreografías, musicogramas y juegos rítmicos donde entra la percusión corporal.
TUR PALOMARES	Partiremos del movimiento para trabajarlo e interiorizarlo. Podemos trabajar el ritmo a partir de cualquier partitura o musicograma; acompañando una canción, con palabras, movimiento, etc. - Partiremos del propio cuerpo. Caminar marcando el ritmo de una melodía o siguiendo el ritmo que marca el profesor/a con un pandero u otro instrumento de percusión. - Cada alumna o alumno se presenta y dice una frase siguiendo un patrón rítmico. A modo de presentación podemos hacer palmas eligiendo cada día un tempo diferente y cada niña o niño dice su nombre y todos repetimos sin parar el tempo. - Acompañar una canción con instrumentos de percusión marcando el pulso, la subdivisión, una célula rítmica o una partitura. - Realizar una coreografía sencilla. El movimiento es una manera práctica de trabajar el ritmo. - Lectura rítmica usando el método Kodaly de las sílabas de solfeo rítmico, después realizamos el ritmo con percusión corporal o con algún instrumento de altura indeterminada que tengamos en el aula. - Improvisación de ritmos siguiendo unas pautas que marquen el compás y el número de tiempos. - Dictado rítmico. Profesor marca una célula rítmica que el alumnado debe identificar y plasmar en las figuras que conoce en papel. - Read and play the Rhythms de Debbie O'Shea. Se trata de videos con ejercicios rítmicos motivadores para el alumnado.

LA FORMACIÓN DE MAESTROS Y MAESTRAS EN EL GRADO DE EDUCACIÓN PRIMARIA.
RECURSOS DIDÁCTICOS PARA LA ENSEÑANZA DEL RITMO Y DE LA MELODÍA

123

2

¿Qué ejercicios o recursos empleas para la melodía?

CUERDA MORALES	Realizo ejercicios, actividades y juegos con: los Intervalos, la línea melódica, la frase melódica, la tonalidad, la modalidad y también el reconocimiento de la melodía. Cuando trabajo la melodía en el aula además de utilizar los métodos pedagógicos de Kodaly, Orff, Willems y Dalcroze, utilizo: recursos gestuales (entre ellos usar la mano como pentagrama), recursos gráficos (grafía convencional, no convencional o notación simplificada), recursos materiales como los musicograma. Algunas actividades y juegos que llevo a cabo en clase para trabajar la melodía podemos encontrar: jugar a simón dice, hacer música con palabras, seguir o crear un musicograma, pintar la melodía, crear un cancionero, tocar una canción, crear una melodía con un ritmo dado, crear frases conclusivas, reconocer canciones, diferenciar la melodía del acompañamiento, continúa la partitura, interpretación (flauta, instrumentación Orff de láminas, campanas afinadas y tubos sonoros), bingo melódico, canto, bingo melódico, dictados, juegos de ordenación de fragmentos melódicos, danza y movimiento.
ALBARRÁN GARCÍA	Uso la melódica, ese pequeño piano que funciona únicamente con el soplo de aire a través de la boquilla conectada a un tubo. Se puede empezar colocando gomets de colores y números para que identifiquen el nombre de las notas y saber dónde tienen que colocar cada dedo y después ir quitándolos poco a poco generando un aprendizaje más autónomo. Tocando la melódica, aprenden no solo cómo suenan las diferentes notas, si no la escala cromática, los intervalos, los acordes, la altura del sonido y un largo etc., algo que la flauta no puede proporcionar. Por otro lado, un recurso que les resulta muy llamativo y divertido a los alumnos son los Boomwhackers, esos tubos afinados de colores que al golpearlos suena una nota u otra. De una manera cooperativa portando cada alumno un boomwhacker pueden interpretar melodías grupales, algo muy positivo porque además de asociar el tubo a la nota que tienes que tocar, están muy concentrados para ver cuándo es su turno y si en la partitura aparece la nota Do saber que tienen que golpear aquellos que tengan en sus manos el boomwhacker de color rojo. Otro recurso que logra captar la plena atención de los alumnos son las Placas Makey-Makey, donde a través de un soporte y unos cables de cocodrilos puedes conectarlos a cualquier objeto y que al tocar dicho soporte, suene una nota u otra, pudiendo trabajar infinidad de melodías empleando los objetos más inusuales, desde una hoja, una cuchara, una esponja e incluso frutas y verduras, trabajando así uno de los objetivos de desarrollo sostenible de la agenda 2030 como es el número 3 "Salud y bienestar" propiciando una vida sana y saludable. El docente debe de disponer de una especie de biblioteca donde albergue un cancionero, audios de diferente índole, así como libros pedagógicos.

GUILLEM ESCORIHUELA CARBONELL Y ANA MARÍA BOTELLA NICOLÁS

ADAM	- Para la melodía uso principalmente esta fuente que explica muy bien cómo construir una melodía a través de muchos ejemplos musicales de todos los géneros. - También es interesante entender qué es un motivo, escuchar y analizar visualmente esta versión de la 5a Sinfonía de Beethoven. Para hacerlo más interesante, pido a los alumnos contar cuantas veces aparece el motivo principal en la primera frase. - De aquí paso a ver la parte científica de por qué tenemos sonidos agudos y graves. - Una vez entendido como se produce la altura de un sonido, paso a la lectura de notas en clave de sol y clave de fa. - La lectura de notas se refuerza después con un Quiz.
CINTERO MOCHOLÍ	Por imitación fragmentándolas, con soporte del piano. Escuchándolas y analizando las alturas con partitura convencional o no convencional. Con el trabajo de actividades de soporte con el cuerpo del método Ward.
TUR PALOMARES	El trabajo de la melodía nos permitirá conocer los intervalos, línea melódica, frase melódica, la ornamentación, tonalidad, modalidad y armonizar. Partiremos de melodías por grados conjuntos y terceras. Si es posible usaremos canciones infantiles populares que les sean familiares en un primer momento. Después intentaremos usar melodías de diferentes periodos de la música, diferentes modos y tonalidades, etc. Dando un bagaje amplio a nuestro alumnado. - El musicograma puede ser un buen recurso para el trabajo de la melodía identificando algún aspecto que nos resulte importante trabajar. - Aprender melodías a partir de la imitación - Con el instrumental Orff acompañaremos melodías con acordes - Escuchar y describir los sonidos que le rodean - Imaginar historias a partir de música o sonidos que le rodean - Diario sonoro y grabación de sonidos - Mover el cuerpo según la dirección de la melodía. - Realizar una coreografía diferenciando alguna cualidad de la melodía

LA FORMACIÓN DE MAESTROS Y MAESTRAS EN EL GRADO DE EDUCACIÓN PRIMARIA.
RECURSOS DIDÁCTICOS PARA LA ENSEÑANZA DEL RITMO Y DE LA MELODÍA

125

3 ¿Qué puedes contarnos de la audición en tu aula?

CUERDA MORALES	Yo la trabajo con actividades prácticas que permiten al alumnado tomar conciencia de lo que están escuchando siguiendo una metodología activa, contextualizada y globalizada, buscando un aprendizaje significativo. Por eso, en el aula, trabajo la audición a través de: la escritura, el dibujo, el canto, los gestos, las grafías, los musicogramas, el cuerpo, el movimiento, danza, la instrumentación, retos cómo completar la partitura, averiguar el compás e identificar instrumentos entre otros.
ALBARRÁN GARCÍA	En cursos inferiores se elige a 4 voluntarios y sin que los demás alumnos se enteren, les doy un instrumento de pequeña percusión a cada uno de ellos, como un triángulo, una caja china, unas claves y un güiro, se dan la vuelta dando la espalda a sus compañeros y el resto de compañeros permanecerán con los ojos cerrados. El docente irá señalando uno a uno a los alumnos voluntarios y estos tendrán que agitar el instrumento que tengan en sus manos, de esta forma escucharán 4 sonidos diferentes. El resto de alumnos tendrán que identificar qué instrumentos han sonado y el orden. En cursos superiores todos los alumnos tienen los ojos cerrados, uno de ellos ejecuta un ritmo de 4/4 con percusión corporal utilizando pecho, palmadas, chasquidos y pies mientras el resto escucha atentamente identificando los golpes dado que suena diferente si das palmadas o percutes con los pies en el suelo. El compañero que se indique tendrá que reproducir exactamente el mismo esquema rítmico empleando esos elementos del cuerpo. De esta forma trabajamos la concentración, la memoria, el compás cuaternario y por supuesto la escucha. Un recurso muy valioso e innovador para trabajar la audición en todos los cursos es el empleo de los musicogramas de Jos Wuytack o Musicomovigramas, que puede crear cualquier docente desde PowerPoint con unas nociones básicas y ahí trabajar cualquier hilo conductor de las Unidades Didácticas. Un aspecto primordial a trabajar en el aula es la Educación Emocional, por ejemplo, a través del libro "Una canción para cada emoción", donde a través de múltiples audios, aprenden a identificar las diferentes emociones, pueden escuchar y aprenderse la canción en eco, o incluso ponerles diferentes audios que evoquen a las emociones básicas y preguntarles qué es lo que han sentido con esa audición. Para mí, todo esto es clave, pues eso les va a servir para su vida diaria cuando crezcan, y ser inteligentes emocionalmente pudiéndose autorregular.

GUILLEM ESCORIHUELA CARBONELL Y ANA MARÍA BOTELLA NICOLÁS

ADAM	- Dictados rítmicos compuestos y tocados por el profesor. - The Rhythm Trainer: identificación de ritmos. - Música de diferentes estilos asociada a cada intervalo. - Identificación de intervalos. Se puede ajustar según el nivel. - Identificación de acordes. Se puede ajustar según el nivel.
CINTERO MOCHOLÍ	La audición depende del nivel se trabaja de una u otra forma. En los primeros niveles con instrumento de referencia y musicogramas. En los niveles más altos en partituras convencionales. Tb con método Willems y fonomimia de Kódaly.
TUR PALOMARES	Aprender a escuchar la música es algo complicado en las edades más tempranas, es por ello que siempre que realicemos una audición pediremos a nuestro alumnado que se detenga y aprecie un determinado aspecto. Para que el aprendizaje sea significativo tendremos que acompañar la audición con una actividad complementaria, acompañar la audición con una imagen, unas preguntas o una tarea. - Una forma de audición musical es el Musicograma creado por Jos Wuytack Actualmente estos musicogramas aparecen en video, uniendo las nuevas tecnologías. - Acompañar de un video - Pedir que pinten y expresen qué les hace sentir la música - Si la audición se trata de una canción con letra pedir que la sigan - Marcar la pulsación - Moverse al ritmo de la música - Inventar una coreografía - Responder alguna pregunta - Dramatización, ejemplificando alguna escena

LA FORMACIÓN DE MAESTROS Y MAESTRAS EN EL GRADO DE EDUCACIÓN PRIMARIA.
RECURSOS DIDÁCTICOS PARA LA ENSEÑANZA DEL RITMO Y DE LA MELODÍA

127

 *Y, ¿de la expresión e interpretación?*

CUERDA MORALES	A través del canto desarrollamos la expresión lingüística (Lenguas). A través de canciones con gestos, como "Soy una taza" la expresión corporal (E.física). A través de actividades de dibujo, como creación de un musicograma, la expresión plástica. Y cómo no, la instrumentación se relaciona directamente con la expresión. Cuando hablamos de interpretación hacemos alusión tanto a la interpretación vocal como instrumental, esto es, al uso de la voz, cuerpo o instrumentos. Todos ellos medios de expresión. Podemos realizar multitud de actividades que favorecen la expresión y la instrumentación, entre ellas: crear polirritmias con el cuerpo, interpretar con instrumentos de pequeña percusión una escena sonora, crear un acompañamiento musical para un vídeo, juego del espejo (imitar los movimientos que lleva a cabo un compañero siguiendo el ritmo de la música), expresar con el cuerpo diferentes sentimientos, crear efectos sonoros, crear una coreografía, ponerle gestos a una canción, pedir a alumno o alumna que toque un instrumento y entre todos averiguar cómo se siente en ese momento, improvisar.
ALBARRÁN GARCÍA	Lo imprescindible es que los alumnos estén relajados y en un ambiente que les genere confianza. Muchos niños y niñas son inseguros, tienen vergüenza y les da miedo mostrar sus habilidades, por eso hay que trabajarlo mucho y desde la delicadeza, sin imponer ni obligar a nada, pues cada uno tiene un ritmo de aprendizaje y hay que ser muy consciente de esto. La interpretación podemos abordarla desde varias perspectivas, a mí me encanta que a través del cuerpo muestren toda esa mochila que llevan dentro. El baile es la forma más primaria y bonita que tienen de expresarse a través de la música. ¿Cuál es la dinámica en mis clases? Les reproduzco un audio y por grupos les digo que, exprimiendo toda su creatividad, inventen un baile para ese audio o esa canción y ahí te percatas de las diferentes formas que tienen de expresarse cada uno de ellos. En la diversidad está lo maravilloso.

GUILLEM ESCORIHUELA CARBONELL Y ANA MARÍA BOTELLA NICOLÁS

ADAM	Proyectos de tocar instrumentos (ukulele, xilófono, percusión). Durante un número dado de clases se trabajan obras en grupo que los alumnos eligen, se trabaja bajo la tutoría del profesor que da feedback cada clase. Al final del Proyecto se hace una presentación tipo concierto donde se escuchan unos a otros, donde se graba en audio cada performance en la que los alumnos propios se darán feedback empezando por un comentario positivo y seguido por un comentario de algo que mejorar.
CINTERO MOCHOLÍ	Con ejercicios que ejemplifican las cualidades que queremos destacar. Juegos para dramatizar y sobre todo dar un modelo claro de lo que queremos.
TUR PALOMARES	La interpretación musical es una forma de expresión pero no la única. - La expresión puede partir de nuestro propio cuerpo al escuchar una melodía. - Plasmar en palabras o en imágenes lo que nos trasmite la música - Expresarnos con instrumentos musicales. - Partiremos de los instrumentos que tenemos innatos: la voz y nuestro cuerpo. En primer lugar nos centraremos en la interpretación del pulso, el tempo, los compases, el acento... Después usaremos los instrumentos del aula. - La improvisación une la expresión y la interpretación en una misma actividad marcando unas premisas según la edad del alumnado y lo que queremos trabajar. - Cantar - Tocar un arreglo de una pieza - Tocar algún instrumento melódico - Componer una pieza propia e interpretarla

LA FORMACIÓN DE MAESTROS Y MAESTRAS EN EL GRADO DE EDUCACIÓN PRIMARIA.
RECURSOS DIDÁCTICOS PARA LA ENSEÑANZA DEL RITMO Y DE LA MELODÍA

129

REFERENCIAS

Agosti–Gherban, C. y Rapp–hess, C. (1988). *El niño, el mundo sonoro y la música.* Marfil.

Akoschky, J. (1977). *Flauta dulce y educación musical: guía para la enseñanza colectiva.* Ricordi Americana.

Akoschky, J., Masmitjà, P.A., Gómez, M.D. y Giráldez, A. (2008). *La música en la escuela infantil (0–6)* (Vol. 23). Graó.

Fucci, R. (2007). O canto coral como prática sócio–cultural e educativo–musical, *Opus, 13*(1), 75–96.

Alcázar, A.J. (2014). Las unidades semióticas temporales (UST), estrategia perceptiva y vía analítica para la música. En J. Gustems (coord.), *Música y Audición en los géneros audiovisuales* (pp. 29–51). Publicacions i Edicions de la Universitat de Barcelona.

Álvarez. L.; González–Castro, P.; Núñez, J. C.; González–Pienda, J. A.; Álvarez, D. y Bernardo, A.B. (2007). Programa de intervención multimodal para la mejora de los déficits de atención. *Psicothema*, 19(4), 591–596. http://www.psicothema.com/psicothema.asp?id=3402

Arguedas, C. (2003). La improvisación musical y el currículo escolar. *Revista Electrónica Actualidades Investigativas en Educación, 3*(2), 1–21. https://revistas.ucr.ac.cr/index.php/aie/article/view/9014/17465

Barrientos, A., Arigita, A. y Sotelo, J.A. (2019). Inteligencias múltiples y rendimientos en estudiantes de un centro integrado de música. Creatividad y sociedad: revista de la Asociación para la Creatividad, *29*, 5–26. https://bit.ly/2FfsunH.

Bennett, R. (1998). *Investigando los estilos musicales.* Akal.

Bennett, R. (1999). *Forma y Diseño.* Akal.

Botella, A. M. (2013). The qualities of sound through hearing: a teaching proposal. En *Edulearn 2013. 5th International Conference on Education and New Learning Technologies* (pp. 4809–4814). Barcelona.

Botella, A.M. (2021). *Nuevas maneras de entender la audición musical en educación primaria.* Tirant Apunts.

Botella, A. M. y Hurtado, A. (2017). El estudio del paisaje sonoro de la Fiesta de Moros y Cristianos a través de la creación de musicomovigramas: desarrollo

La formación de maestros y maestras en el grado de educación primaria. Recursos didácticos para la enseñanza del ritmo y de la melodía

131

de la escucha y la salud emocional. En *Patrimoni inmaterial. Experiències en el territori valencià* (pp. 153–160). PUV. https://bit.ly/2VL7LQ0

Botella, A.M. y Marín, P. (2015). El paradigma culturalista en la educación musical. Propuestas didácticas a través del musicomovigrama, en Juan Carlos Montoya (Ed.). *Didáctica de la canción popular y los medios audiovisuales. Nuevas perspectivas pedagógicas para la educación musical*, (pp. 125–151). Amarú Ediciones.

Botella, A.M. y Marín, P. (2016). Aportaciones didácticas en la utilización de musicomovigramas para el trabajo de la audición musical, en Carlos Monge., Patricia Gómez y Raquel Herrero, (Eds.). Actas del *II Congreso Virtual Internacional y III Congreso Virtual Iberoamericano sobre Recursos Educativos Innovadores (CIREI)*, (p. 21). Servicio de publicaciones de la Universidad de Alcalá.

Botella, A.M. y Marín–Liébana, P. (2016). La utilización del musicomovigrama como recurso didáctico para el trabajo de la audición atenta, comprensiva y activa en educación primaria. *Cuadernos de música, artes visuales y artes escénicas, 11*(2), 215–237.

Botella, A.M. y Marín, P. (2017). Posibilidades didácticas de la animación digital en la audición musical a través de los musicomovigramas, en las *VI Jornadas de Innovación Docente en la Educación Superior (IDES 2017)*. Florida Universitària y Universitat de València.

Botella, A.M. y Peiró M.À. (2016). Aportaciones de la neurociencia cognitiva a la estimulación auditiva musical de 0 a 6 años. *Didácticas Específicas*, 15,6–27. https://revistas.uam.es/

Botella, A.M. y Peiró, M.À. (2018). Estudio de la discriminación auditiva en Educación infantil en Valencia. *Magis, Revista Internacional de Investigación en educación, 10*(21), 13–34. https://doi.org/10.11144/Javeriana.m10–21.edae

Botella, A.M., Hurtado, A. y Ramos, S. (2019). Innovación y TIC en el paisaje sonoro de la música festera a través de la creación musicomovigramas. *Revista de Comunicación VIVAT ACADEMIA, 149*, 109–123. https://doi.org/10.15178/va.2019.147.109–123

Botella, A.M., Hurtado, A. y Marín–Liébana, P. (2020). Investigación en paisaje sonoro mediante la creación de Musicomovigramas. Análisis del desarrollo competencial en maestros en formación, en López–Meneses, E, Cobos–

GUILLEM ESCORIHUELA CARBONELL Y ANA MARÍA BOTELLA NICOLÁS

Sanchiz, D., Martín–Padilla, A.H., Molina–García, L., Jaén–Martínez, A. y Martín–Padilla, A.H. (coords). *INNOVAGOGIA 2020. V Congreso Virtual Internacional sobre Innovación Pedagógica y Praxis Educativa*. Libro de Actas (p. 456). AFO.

Bruner, J. S. (1980). *Investigaciones sobre el desarrollo cognitivo*. Pablo del Río.

Bruner, J. S. (1983). *Child's Talk: Learning to Use Language*. Norton.

Bruner, J. S. (1984). *Acción, pensamiento y lenguaje*. Alianza.

Buj, M. (2019). Sinestesias en la notación gráfica: Lenguajes visuales para la representación del sonido. *Cuadernos de música, artes visuales y artes escénicas, 14*(1), 45–64.

Campayo–Muñoz, E.A. y Cabedo–Mas, A. (2017). The role of emotional skills in music education. British Journal of Music Education, 34(3), 243–258. https://doi.org/10.1017/S0265051717000067

Canuyt, G. (1982). *La voz: técnica vocal* (8a ed.). Hachette.

Casas, M.V. (2003). ¿Por qué los niños deben aprender música? *Colombia Medica, 32*(4), 197–204.

Conejo, P. A. (2012). El valor formativo de la música para la educación en valores. *DEDiCA. Revista de Educaçao e Humanidades, 2*, 263–278. https://bit.ly/2WkhMj9

Copland, A. (1988). *Cómo escuchar la música*. Madrid: Fondo de cultura económica.

Decreto 106/2022, de 5 de agosto, del Consell, de ordenación y currículo de la etapa de Educación Primaria. [2022/7572]

de Guevara, E. L. (2023). El ukelele en la escuela rural: Una visión optimista de la música en tiempos de pandemia. Eufonía: *Didáctica de la música, 94*, 39–42.

del Barrio Aranda, L. (2016). Actividad coral, creatividad y convivencia escolar. *Eufonía: Didáctica de la música, 69*, 53–58.

Delouvé, F. (2009). Aspects de l'*ethos* musical dans l'antiquité grecque. *Intersections, 29*(2), 52–65. https://doi.org/10.7202/1000039ar

Díaz, M. (2005). La Educación Musical en la Escuela y el Espacio Europeo de Educación Superior. *Revista Interuniversitaria de Formación del Profesorado, 19*(1), 23–57.

Dutica, L. (2014). MELODY, RHYTHM, COLOR. A GENUINE VISION UPON ORFF METHOD. *Review of Artistic Education, 7*, 74–91.

La formación de maestros y maestras en el grado de educación primaria. Recursos didácticos para la enseñanza del ritmo y de la melodía

133

Elizalde, L. y García–Bernalt, E. (1981). *Pedagogía del canto escolar: apuntes para el profesor* (2a ed.). Publicaciones Claretianas.

Fraisse, P. (1976). *Psicología del ritmo.* Ediciones Morata.

Buentello, R.M., Martínez, A.R. y Alonso, M.A. (2010). Música y neurociencias. *Arch Neurocien (Mex), 15*(3), 160–167.

Gardner, H. (2005). *Inteligencias múltiples.* Paidós.

Gardner, H. y Hatch, T. (1989). Educational implications of the theory of multiple intelligences. *Educational researcher, 18*(8), 4–10.

Gillanders, C. y Martínez, P. (2005). La investigación en el ámbito musical. *Revista Música y Educación. Revista trimestral de pedagogía musical, 64*, 85–104. https://www.researchgate.net/publication/39214140_La_investigacion_en_el_ambito_musical

Giráldez, A. (1996). Relaciones entre la música y otras áreas en educación infantil y primaria. *Aula de innovación educativa, 55*, 9–14.

Gómez, J. (2015). *Didáctica de la música.* Logroño: UNIR.

Gustems, J. y Calderón, C. (2005). No t'emocionis…Escolta! l'ús de la música en l'educació emocional. *Revista Catalana de Pedagogía, 3*, 331–347.

Gutiérrez, L. Mª. (2013). La música como lenguaje y medio de comunicación. Ecos del lejano oriente en la vanguardia musical. Orientalismo y japonismo musical. *Entreculturas, 5*, 15–36. https://riuma.uma.es/xmlui/handle/10630/7156

Hallam, S. (2010). The power of music: Its impact on the intellectual, social and personal development of children and young people. *International Journal of Music Education, 28*(3), 269–289.

Hargreaves, D. J. (1998). *Música y desarrollo psicológico.* Graó.

Hernández, Mª D. M. (2010). El canto en las escuelas infantiles de la Comunidad de Madrid: un recurso poco utilizado en la educación integral del niño. *Revista Iberoamericana de Educación, 52*(4), 1–12. https://doi.org/10.35362/rie5241786

Hyde, K., Lerch, J., Norton, A., Forgeard, M., Winner, E., Evans, A. y Schlaug, G. (2009). The Effects of Musical Training on Structural Brain Development. *Annals of the New York Academy of Sciences, 1169*(1), 182–186.

Ibarretxe, G. (2006). Introducción a la investigación en Educación Musical. En M. Díaz., L. Bresler., A. Giráldez., G. Ibarretxe y S. Malbrán (Eds.). *El conocimiento científico en educación musical,* (pp. 8–30). Enclave Creativa.

GUILLEM ESCORIHUELA CARBONELL Y ANA MARÍA BOTELLA NICOLÁS

Jauset– Berrocal, J.A. (2011). *Música y neurociencia: la musicoterapia*. Editorial UOC.

Jauset–Berrocal, J.A. (2013). Música y neurociencia: Un paso más en el conocimiento del ser humano, *ArtsEduca, 4*, 70–73. https://dialnet.unirioja.es/servlet/articulo?codigo=4182408

Lacárcel, J. (2003). Psicología de la música y emoción musical, *Educatio siglo XXI*, 213–226. https://bit.ly/3htBJ24

Landormy, P. (1905). La enseñanza del canto en las escuelas y liceos. *Boletín de la Institución Libre de Enseñanza, 29*, 267–.

Levitin, D.J. y Tirovolas, A.K. (2009). Current advances in the cognitive neuroscience of music. *Annals of the New York Academy of Sciences, 1156*(1), 211–231.

Longueira, S. (2013). Los retos educativos en la sociedad del conocimiento. Aproximación a las aportaciones desde el ámbito de la educación musical. *Teoría de la educación. Educación y cultura en la sociedad de la información, 14*(3), 211–240. http://www.redalyc.org/pdf/2010/201029582011.pdf

López García, N.J. (2023). El Proyecto Ukelele: un estudio de caso sobre la implementación del ukelele en una escuela primaria. *Pensamiento, palabra y obra, 29*, 244–262.

Marín, P. y Botella, A. M. (2018). El repertorio musical como elemento posibilitador de un enfoque sociocrítico en Educación Primaria. Estudio del currículum impartido en el municipio de Valencia. Revista Electrónica Complutense de Investigación en Educación Musical RECIEM, 15, 19–37. https://www.researchgate.net/profile/Ana_Botella_Nicolas

Martín, A. (2004). Trascendencia de la educación musical: una breve panorámica histórica. Eufonía. Didáctica de la Música, 30, 10–22. https://www.grao.com/es/producto/trascendencia–de–la–educacion–musical–una–breve–panoramica–historica

Martínez, J. (2015). El sujeto político y la educación. *Cuadernos de Pedagogía*, 455, 91–94. https://bit.ly/2W5sCty

Martínez Lluna, C. (1985). *Tratado de técnica vocal* (2a ed., rev.). Piles.

Merriam, A.P. (1964). *The anthropology of music.* Northwestern University Press.

Oriola, S. y Gustems, J. (2016). El procés emocional d'escoltar i produir música. *Temps d'Educació, 50*, 69–85. http://diposit.ub.edu/dspace/bitstream/2445/132063/1/663983.pdf

La formación de maestros y maestras en el grado de educación primaria.
Recursos didácticos para la enseñanza del ritmo y de la melodía

135

Pascual, P. (2002). *Didáctica de la música*. Pearson Education.

Pavanello, L. y Selpa, M.R. (2018). Contribuicoes do canto coral na escola para a formacao integral: O que dizem os estudantes, *Revista Teias, 19*(54), 348–365.

Pérez–Aldeguer, S. (2014). El canto coral: una mirada interdisciplinar desde la educación musical. *Estudios pedagógicos*, 40(1), 389–404.

Pramling–Samuelsson, I.; Carlsson, M.A.; Olsson, B.; Pramling, N. y Wallerstedt, C. (2009). The Art of Teaching Children the Arts: Music, Dance and Poetry with Children Aged 2–8 Years Old. *International Journal of Early Years Education, 17* (2), 119–135. http://www.tandfonline.com/doi/pdf/10.1080/09669760902982323?needAccess=true

Pramling, N. y Pramling, I. (2011). Introduction and Frame of the Book. En N. Pramling e I. Pramling (eds.), *Educational Encounters: Nordic Studies in Early Childhood Didactics* (pp. 1–13). Dordrecht: Sringer.

Ramos, S. y Botella, A. M. (2015). Videojuegos y musicomovigramas. Innovación y recursos para el aprendizaje en Educación Primaria. *Revista Opción, 31*(1), 609–619. http://roderic.uv.es/handle/10550/48190

Ramos, S. y Botella A.M. (2020). El musicomovigrama como recurso didáctico para el trabajo de la escucha en Secundaria. En Carmen López (Ed.). *Aulas innovadoras en la formación de los futuros educadores de educación secundaria. Modelos y experiencias en el máster en profesor de educación secundaria obligatoria y bachillerato, formación profesional y enseñanza de idiomas, 290* (pp. 277–292). Ediciones Universidad de Salamanca.

Retamero, I. y Botella, A.M. (2022). Educación, autoconcepto académico, música y adolescencia. En Zayas, A., Torres, C. y Sánchez, B. (Coords.). *Atención a la diversidad sexo–genérica en el contexto educativo; una nueva mirada hacia un enfoque inclusivo,* (pp. 147–159). Thomson Reuters.

Rodríguez, M. P. (2011). Reflexiones sobre música y neurociencia. *Revista Medicina y humanidades, 3*(3), 42–50.

Sanjosé, V. (1997). *Didáctica de la Expresión Musical para maestros*. Piles.

Sanuy, M. (2000). Prólogo. En K. Swanwick, *Música, Pensamiento y educación* (pp. IX–XII). Ediciones Morata.

Schafer, R. M. (2011). *Limpieza de oídos*. Buenos Aires: Melos.

GUILLEM ESCORIHUELA CARBONELL Y ANA MARÍA BOTELLA NICOLÁS

Schlaug, G., Norton, A., Overy, K. y Winner, E. (2005). Effects of music training on the child's brain and cognitive development. A*nnals–New York Academy of Sciences, 1060,* 219.

Sepp, A., Ruismäki, H. y Hietanen, L. (2023). Student teachers' and teacher educators' pedagogical reflections on piano courses in Finnish primary school teacher education. *Research Studies in Music Education, 45*(1), 20–36.

Shuter–Dyson, R. y Gabriel, C. (1981). The psychology of musical ability. London: Cambridge University Press.

Siraj–Blatchford, I. (2009). Conceptualising progression in the pedagogy of play and sustained shared thinking in early childhood education: A Vygotskian perspective. *Education and Child Psychology, 26*(2), 77–89.

Soria–Urios, G., Duque, P. y García–Moreno, J.M. (2011a). Música y cerebro: fundamentos neurocientíficos y trastornos musicales. *Revista de neurología, 52*(1), 45–55. https://doi.org/10.33588/rn.5201.2010578

Soria–Urios, G., Duque, P. y García–Moreno, J.M. (2011b). Music and brain (II): evidence of musical training in the brain. *Revista de neurología, 53*(12), 739–746. https://doi.org/10.33588/rn.5312.2011475

Snowdon, C. T., Zimmermann, E., y Altenmüller, E. (2015). Music evolution and neuroscience. *Progress in brain research, 217,* 17–34.

Swanwick K. (1988). *Musical Experience and Music Education.* London: Routledge.

Stewart, L. (2008). Do musicians have different brains? *Clinical medicine, 8*(3), 304–308. https://doi.org/10.7861/clinmedicine.8–3–304

Tafuri, J. (1995). *L'educazione musicale: teorie, metodi, pratiche.* EDT.

Tafuri, J. (2004). Investigación y Didáctica en Educación Musical. *Revista de Psicodidáctica, 17,* 27–37.

Tafuri, J. (2006). *¿Cómo promover las aptitudes musicales de los niños?* Graó.

Tomasello, M. (2007). *Los orígenes culturales de la cognición humana.* Amorrortu.

Trimble, M. y Hesdorffer, D. (2017). Music and the brain: the neuroscience of music and musical appreciation. *BJPsych international, 14*(2), 28–31.

Tulon, C. (2005). *Cantar y hablar: conocimientos generales de la voz, técnica vocal, ejercicios, consejos básicos.* Paidotribo.

Vilar i Monmany, M. (2004). Acerca de la educación musical. *Revista electrónica de LEEME, 3,* 1–25. https://ojs.uv.es/index.php/LEEME/article/view/9748/9182

La formación de maestros y maestras en el grado de educación primaria.
Recursos didácticos para la enseñanza del ritmo y de la melodía

137

Vivanco, P. (1986). *Exploremos el sonido*. Buenos Aires: Ricordi.

Willems, E. (1992). Nuevas ideas filosóficas sobre la música y sus aplicaciones prácticas, *Folios, 3,* 103–110.

Wuytack, J. y Boal, G. (2009). Audición musical activa con el musicograma. *Eufonía. Didáctica de la Música, 47,* 43–55. http://www.awpm.pt/docs/EufoniaMai09.pdf

Yun, Y. y Kim, J. (2013). The Effects of the Orff Approach on Self–Expression, Self–Efficacy, and Social Skills of Children in Low–Income Families in South Korea. *Child Welfare, 92*(4), 123–58.

Zaragozà, J. Ll. (2009). *Didáctica de la música en la educación secundaria*. Graó.

GUILLEM ESCORIHUELA CARBONELL Y ANA MARÍA BOTELLA NICOLÁS